中國國家地理
〔全新黃金典藏版〕

中南
西南

前言
FOREWORD

　　數萬年的滄海桑田譜寫出中華大地壯美的地理詩篇；數千年的繁衍生息激蕩出華夏文明恢弘的歷史圖卷。

　　冰雪長白山冷峻孤傲，卻以雄渾、博大的胸懷撫慰著世代的文明與哀愁；靈秀的西子湖嬌媚柔美，卻承載著水鄉兒女亙古的夢想與期盼。赤焰如火的塔克拉瑪干沙漠染紅天際，勾勒出無法逾越的生命禁區；古色古香的吊腳樓臨水而立，默默守候著鳳凰古城的絕世風華。三亞海濱遙處海南島最南端，椰林樹影、碧海藍天，宛若夢幻中的天堂……

　　本套書——《中國國家地理》（全新黃金典藏版）將中國分為華北、華東、東北、西北、中南、西南、港澳七大部分，內容涵蓋行政區劃、人口、民族、歷史文化、地貌、氣候、經濟和旅遊地理等各個層面。近2000幅精美絕倫的圖片和靈動流暢的文字相輔相成，將中國地理的秀美與壯闊濃縮到極至。這是一套傳遞地理哲學、追求科學精神的書，一套獻給熱愛生活、喜歡地理的讀者的普及讀物，也是一套講述自然和人文故事的圖書。由衷希望此書可以使每一位讀者打開心窗，感受陽光下的另一番天地，體味一份純粹與閱讀有關的樂趣。

目錄
CONTENTS

中南

中南 河南

🌐 行政區劃

　　河南省簡稱豫，因歷代轄境大部分在黃河以南，故名「河南」；古代居九州之中，又有「中州」、「中原」之稱，是華夏民族的發祥地之一。省境介於東經110°21′～116°39′、北緯31°23′～36°22′之間。河南地處黃河中下游，周邊與山西、河北、山東、安徽、湖北、陝西等6省接壤。面積16萬多平方公里，轄17個地級市和1個省直轄縣級單位，省會鄭州市。

鄭州市

　　鄭州市位於省境中部偏北，黃河南側。面積7446平方公里，轄6區1縣和5個縣級市。全市有人口972.4萬，以漢族人數居多，還有回、滿、壯、蒙古、朝鮮等42個少數民族。西周時鄭州古地為管國，春秋為管邑，屬鄭；1948年置鄭州市，屬河南省轄市；1954年河南省人民政府由開封市遷駐鄭州市。全市地貌由西向東遞次為嵩山山地、低山、黃土丘陵、山前平原、黃河沖積平原。鄭州市屬暖溫帶亞濕潤氣候，礦藏有煤、鋁礬土、鐵、耐火黏土、石棉等。工業以輕紡工業為主，農業主要生產小麥、大豆、花生等，主要特產有金銀花、大棗、黃河鯉魚等。鄭州是中國的鐵路交通樞紐之一，鄭州東站也是亞洲最大的高鐵站之一，京廣、隴海兩鐵路在此交會，京深高速公路、107國道、310國道交會過境。市內名勝古蹟較多，著名的有少林寺、石窟寺、嵩山、黃河遊覽區等。

洛陽牡丹。

位於開封市中山路北段的宋都御街是一條仿宋商業街，是旅遊購物的好去處。街北端的樊樓，相傳曾為宋徽宗與李師師的幽會之所，目前已開闢為仿宋遊樂中心。

洛陽市

洛陽市簡稱洛，為歷史文化名城、中國七大古都之一，位於省境西部，地處豫西盆地。面積15230平方公里，轄6區8縣和1個縣級市，人口680萬。東周、東漢、三國魏、西晉、北魏和後梁等先後定都於此，建都時間長達934年，是中國歷史上建都時間最長的城市。東漢、魏、晉、隋、唐時這裡是中國乃至全亞洲的經濟和文化中心，又是中國佛學、理學、經學興盛之地，五代以後逐漸衰落。1955年設洛陽市，境內主要河流有黃河、洛河、伊河、潤河、汝河等，屬暖溫帶季風氣候。市內主要礦藏有煤、黃鐵、鋁礬土、石灰石、石英、金、銅、鉬、鎢、鉛等。工業以機械工業為主體，農業以生產小麥、棉花、蘋果為主。牡丹為洛陽市市花，自古有「洛陽牡丹甲天下」之說。市內的風景遊覽地有王城公園、牡丹公園、白雲山、花果山等。

開封市

開封市簡稱汴，為中國七大古都之一，位於省境東部，面積6444平方公里，轄5區4縣。全市人口454萬，以漢族居多，有回、滿、蒙古等21個少數民族。開封之名始於春秋時期，鄭莊公在今開封城南築倉城，取「開拓封疆」之意，距今已有2700餘年。因地理位置優越，水陸交通便利，戰國魏，五代梁、晉、漢、周，北宋及金朝均建都於此，有「七朝古都」之稱。開封地處黃河沖積扇，地勢由西北向東南傾斜，市內主要河流有黃河、賈魯河、渦河、惠濟河。氣候濕潤，四季分明，屬暖溫帶大陸性季風氣候。市內工業主要有毛紡、日用化工等，農業以生產小麥、棉花為主。市內的名勝及紀念地有相國寺、鐵塔、龍亭大殿、禹王台、山陝甘會館，歷史名人有秦國大臣尉繚，秦末農民起義軍首領張耳、陳餘，東漢經學家鄭興、鄭眾，北魏書法家鄭道昭等。

開封鐵塔。

👤 人口、民族

　　河南自古以來就是人口分布較為稠密的地區之一，1949年以後，河南全省人口占全國總人口的比例大體保持在7.3%左右。河南省人口總數為10788萬人（2016年），從統計資料看，人口密度每平方公里在500人以上，是全國平均人口密度的4倍以上，僅低於上海、北京、天津、江蘇和山東，居全國第六位。全省人口主要分布在平原、盆地、河流兩岸和交通沿線兩側，山地、丘陵地區則地廣人稀。隨著外移人口增多，偏僻山區人口逐漸減少，甚至無人居住。全省除漢族外，還有回、蒙古、滿、朝鮮、壯等42個少數民族。少數民族人數不多，但分布較廣，如回族分布遍及全省百餘縣市，滿、蒙古、朝鮮等少數民族多分布在鐵路沿線城市。

大河村仰韶文化遺址出土的陶碗。

📖 Travel Smart

豫北女紅文化

豫北（指河南省黃河以北的安陽、焦作、鶴壁、濮陽、新鄉和洛源六個市）自古以來就把女紅作為衡量女子德、才的標準，男子擇偶，婆婆擇媳，目光都集中在纖細的十指之間。女孩子長到七八歲就開始學習女紅，新房的門簾、帳沿、床圍、被子、枕套、嫁衣、繡鞋等一切結婚用品，都是婦女用雙手繡出來的，這些繡品表現了吉祥美好、子孫繁衍的永恆主題。這些細膩、多情、多意的繡品，始終延續著華夏民族的信仰。

🏛 歷史文化

　　河南先民在中原這塊古老的土地上繁衍生息，他們在與大自然對抗的同時，也創造了光輝燦爛的中國古代文化，為後人留下豐厚的文化遺產。中州大地上遺存的古城廓、古陵墓、古建築、古石刻星羅棋布，這些優秀的文化遺產猶如鑲嵌在中州大地上的一顆顆璀璨的明珠，折射出中華民族古代文明的光彩。中原是一座真正的華夏民族歷史的博物館，在這片古老的土地上有距今約八千年歷史的新鄭裴李崗原始聚落遺址和具有五六千年歷史的澠池仰韶村文化遺址及鄭州大河村文化遺址。河南的先民在創造物質和精神財富的同時，也形成淳樸的民風民俗。

裴李崗文化形成

　　裴李崗文化於1977年在河南新鄭的裴李崗發現，是華北地區目前所知最早的新石器文化，主要分布在河南中部地帶，以裴李崗出土文物為代表，反映了新石器時代早期中段以後的文化面貌。裴李崗遺址中有房基、窯穴、墓地等村落遺跡，磨刻石器多為打製石器，農業占主導地位，飼養業已出現，製陶業也具有一定的規模。裴李崗文化存有細石殘餘，表明它與以河南靈井和陝西

沙苑為代表的中石器遺存有著淵源。它與老官台、李家村、磁山諸文化都是仰紹文化的前身，故統稱為「前仰韶」時期文化。

大河村遺址

大河村遺址位於鄭州市北12公里處，於1964年秋發現，面積約有30萬平方公尺。1972～1980年鄭州博物館曾進行11次發掘，發現大量墓葬、灰坑、房基等遺跡和遺物。從發掘的資料看，這是一處中原地區仰紹文化的典型遺址，規模龐大，發展序列完整，其文化層深達4～7公尺，最引人注目的是居住房屋的留存。其中一號房基的牆壁高達1公尺，為目前國內該時期房基中所僅有。大河村遺址距今已約5000年，屬新石器時代仰紹文化晚期，出土的文物主要有紅陶黑彩、白衣彩陶，彩陶片上描有各種天文圖像，如太陽紋、月亮紋、日珥紋等。這一發現，對研究仰紹文化的農業與古代天文學的關係具有重要意義。

殷墟

殷墟位於安陽市西北約2公里處，西元前14世紀盤庚遷都於此，稱殷。周滅殷後，這裡漸趨荒蕪，故稱殷

裴李崗刻符石柄形器。

墟。殷墟於1928年開始科學發掘，總面積約有24平方公里，東西長約6公里，南北寬約4公里，分布著大量的文化遺址。其中有宮殿建築遺址、大型陵墓、祭祀坑、車馬坑等，還出土10萬多片記載有3000年前古文字的甲骨、重875公斤的稀世珍寶司母戊青銅大鼎以及象牙杯等珍貴文物。殷墟是中國重點文物保護單位之一，現建有殷墟博物院。

殷墟婦好墓出土的夔足方鼎。

📖 Travel Smart

豫劇

豫劇也稱河南梆子、河南高調，是中國地方戲中很有特色的一個劇種，遍布全國各地，在河南、山西、陝西等省尤為盛行。豫劇的曲調高亢婉轉，節奏鮮明，係明代山陝梆子傳入河南後，同當地民歌小調結合而成。表演時以梆子擊節，板胡為主要伴奏樂器，代表劇碼有《花木蘭》、《穆桂英掛帥》等，現代戲有《朝陽溝》等。

🏔 地貌

河南全省地形複雜，西北部邊境有太行山脈，秦嶺山脈在省境西部分成四條支脈向東伸延，構成面積廣大的豫西山地。北支崤山，餘脈沿黃河南岸延伸，通稱邙山；中間兩支為熊耳山和外方山，外方山東北端的嵩山聳立於低山丘陵之間，為中國「五嶽」之一，號稱「中嶽」。在南部邊境還有桐柏山、大別山等。南陽盆地位於豫西山地與豫南山地之間，為省境的伏牛、桐柏和湖北的大洪、武當等山環抱。中部為漢江支流唐河、白河沖積所形成的沖積平原。東部平原是華北平原的一部分，主要由黃、淮、衛三大河流沖積而成，黃河古沖積扇是其核心部分。在豫東以花園口——東壩頭的黃河河段為脊軸，形成範圍廣闊的沖積扇形平原，地勢平坦，地下水豐富，是河南主要農業區。

桐柏山

桐柏山在淮陽山脈的西部，位於河南、湖北兩省邊境，主脊北側大部分在河南省境內。桐柏山西北起自南陽盆地東緣，東南止於武勝關並與大別山相接，西南至湖北省襄陽、廣水一線，東北界大致在洪儀河、桐柏、淮河店、董家河至潭家河一帶，全長120餘公里。山區岩層主要由上元古界的片麻岩、片岩和多期花崗岩體組成。山體在河南省境內分兩段，出山以西為西段，放馬嶺東南為東段。西段是桐柏山主體，北側因受西北—東南向大斷裂影響，山體邊界整齊，山坡陡峻，山峰尖峭林立，海拔多在1000公尺以上。主峰太白頂海拔1140公尺，是淮河源地，河流多呈橫向切割，形成深切的河谷和橫向山嶺。此外，東段最高峰四望山海拔906.2公尺，東北面丘陵連綿，與南灣水庫為鄰，已成為遊覽區。

伏牛山

伏牛山位於河南省西南部，是秦嶺東段的重要山脈，為伊河、淅川、白河源地，也是黃河、淮河、長江三大水系的分水嶺，主脊為中國暖溫帶與北亞熱帶的分界線。伏牛山呈西北—東南走向，西北接熊耳山，南界南陽盆地，東南遙接桐柏山，全長400多公里。西北段山體寬闊完整，山勢高峻雄偉，由此向東南分支解

河南境內的太行山系屬於整個太行山脈西南段的扈闊部分，也是河南、

南陽盆地是範圍廣闊的沖積扇形平原,地勢平坦,地下水豐富,為河南省主要農業區。

體,山勢也逐漸低緩。分水嶺主脊尖峭,山峰林立,海拔多在1500公尺以上,其中老君山海拔2192.1公尺,玉皇頂海拔2211.6公尺,位於其西北的雞角尖海拔2212.5公尺,是伏牛山最高峰。

南陽盆地

南陽盆地是河南省主要農業區,是一個向南開口的扇形盆地。南陽盆地位於河南省境西南部,三面環山,北為伏牛山地,東為桐柏山地,西為丹江和唐白河間的分水嶺。盆地邊緣分布有波狀起伏崗地,崗頂平緩寬闊,崗地間隔以淺而平緩的河谷凹地,呈和緩波狀起伏,形成「起崗不見崗,走凹不見凹」。盆地中部為沖積洪積和沖積湖積平原,內有唐河、白河等主要河流,流域面積較大。氣候溫和,雨量充沛,土壤肥沃,適宜農耕。

💧 水系

河南省河流眾多，大多發源於西部山地，分屬黃河、淮河、衛河、漢水四大流域，順地勢向北、東、南呈輻射狀分流。黃河自陝、晉邊境折向東流入河南，橫貫省境北部，以湍急之勢流經著名的三門峽。淮河發源於桐柏山區，橫貫省境東南部，是全省最大的河流。南側支流河短流急，常稱「三水」；北側支流坡平彎多，稱「坡水」。衛河是豫北大河，向東北流入海河。省境西南部屬漢水流域，有唐河、白河、丹江等。全省湖泊很少，但地下水豐富，沿山麓多自流井和噴泉，便於開發利用。豫西山區和太行山南端還有地下熱水資源，省內較大的溫泉有30多處。

三門峽

三門峽是黃河中游的著名峽谷，位於河南省三門峽市和山西省平陸縣間。舊時峽谷中有兩座堅硬的岩石島兀立河中，鬼島位於右岸側，呈彎弓形；神島位於左岸側，呈魚脬形；順河稍下，左岸有半島切入河中，稱為「人門島」。三門峽谷兩岸，壁立千仞，兩石島自右岸至左岸將水道分成鬼門、

1957年在三門峽建起高106公尺、長875公尺的攔河大壩，使高峽變成平湖。

神門、人門三股急流：鬼門河和神門河水勢殊險；人門河水勢稍緩，但也水深流急，舟楫難行。河水流過三門後又被兩岸半島巨石束合為一，水流在7000多公尺長、400多公尺寬的峽谷中經一分一合後，濁浪排空，吼聲巨大，形成古來即馳名的「三門天險」。

潁河

潁河是淮河最大支流，上游為沙河，故又稱沙潁河，位於淮河北岸，河南省東部與安徽省西北部，歷來是豫皖間重要的水運線。主幹發源於河南省嵩縣伏牛山脈摩天嶺東麓，東南流經魯山、平頂山、葉縣、漯河、周口、項城、沈丘等縣市，至界首市城關鎮附近進入安徽省，往下經太和、阜陽，於潁上縣沫河口入淮河。全長619公里，流域地處平原地區，河流眾多，河網密度大，河流水量主要由雨水補給，徑流年內分配不均。潁河流域古時是一個旱澇災害嚴重的地區，現今在潁河幹流建有馬灣、周口、沈丘、阜陽和潁上五個梯級水利樞紐，其中阜陽配建了船閘，水利狀況得到較大改善。

氣候

河南省位於中緯度地帶，氣候較溫和，冷熱變化和乾濕狀況主要受季風影響，南北地區間的氣候具有過渡性特點。絕大部分地區年均溫為13～15℃，可滿足一般作物的兩年三熟或一年兩熟的生長發育之需。伏牛山至淮河幹流一線以南地區屬北亞熱帶範圍，以北屬暖溫帶。西部山區因地勢較高，氣溫相對較低，農作物一般只能兩年三熟或一年一熟。春末與晚秋季節大部分地區有霜凍。省內年降水量一般約600～1000公釐，自東南向西北逐漸減少。4月～10月各地降水量豐沛，利於農業生產。

位於南陽市的丹江口水庫是中國南水北調工程中線水源渠首地。夕陽西下，餘暉灑向即將北赴的庫水，水面閃動鱗鱗波光，好一幅「丹江夕照」的醉人畫卷。

🌳 自然資源

　　河南省是中國重要的礦產資源省分之一。在中國已發現的礦產資源中，河南就有143種，其中得到開發利用的有近93種。全省有16種礦產儲量名列全國前三位，有43種礦產儲量居全國前十位。河南是中國既有煤又有石油、天然氣的少數省分之一，黃金儲量居中國第二位；欒川鉬礦是世界六大鉬礦之一，儲量居中國第一位。除此之外，河南屬典型的北亞熱帶向暖溫帶過渡地區，在這樣複雜的自然環境裡，生長多種類別的動植物和珍貴的中藥材。

鉬

　　鉬是銀白色有光澤的金屬，粉末狀的鉬為黑色。鉬具有高強度、高硬度、機械性能優異的特點，而且在高溫下仍能保持高強度和高硬度。鉬主要用於煉鋼，摻入鉬的合金鋼具有高強度、高韌性、突出的耐熱強度和抗腐蝕性能。金屬鉬在電子管、電晶體、整流器等電子零件方面有廣泛的應用。鉬的化合物在化學和石油煉製工業上用作催化劑，也是一種微量元素化肥。河南的鉬礦資源豐富，累計探明儲量約占全國儲量的1/3，保有量259.35萬噸，目前已探明的鉬礦產地數、儲量和品質居中國首位。鉬礦主要分布在豫西的欒川、盧氏、嵩縣，而且主要為富礦或特富礦。鉬礦床成因類型主要為斑岩型，礦石中主要鉬礦物為輝鉬礦。河南所產的鉬礦石還具有良好的可選性特點，自從鉬礦開始開採以來，豫西地區已有各級礦山企業近百個。因為鉬金屬在電子零件的生產和某些工業生產中有較重要的作用，國內和國際市場對鉬的需求量都在增加，進而推動鉬礦業的發展。目前鉬礦的開採對河南的經濟發展有很大的助益。

華中山楂

　　華中山楂屬薔薇科植物，落葉灌木，高約7公尺，傘房花序，花白色，花期4個月，果實紅色。華中山楂產於河南、甘肅、浙江、雲南，生於海拔1000～2500公尺的山坡陰處密林中。河南的大別山、太行山森林深處，環境條件適宜，利於華中山楂的生長。這些山區密林為其生長期提供了適宜的光、溫、水條件，使河南成為華中山楂主要產區。

金鵰

　　金鵰又叫鷲鵰、潔白鵰、紅頭鵰等，體長約1公尺，是鵰屬中的最大成員，也是最大型的猛禽之一。牠上體

金鵰。

獼猴。

為棕褐色、下體呈褐色，翅膀下有很明顯的白斑，尾上羽毛先端為黑色，3/4為灰色。金鵰主要生活在高山草原和針葉林區，大多分布於華北、東北等地。

獼猴

獼猴屬猴科，雖屬亞熱帶猴種，但牠們的環境適應能力特別強，頗能忍受-10～-20℃的嚴寒氣候，即使在北緯40°以北的地區也能生存，是世界上分布得最靠北的猴種之一。中國獼猴大多分布在河南、陝西等地的大森林裡，牠們喜歡群居，常幾十隻或近百隻一起活動。在每個猴群中都有一個猴王，由身強力壯的大雄猴擔任。獼猴經過馴養和誘導，可以成為人們的得力助手。

經濟

河南原是個自然災害頻發的省分，水、旱災害不斷，黃河多次氾濫成災，黃淮平原地區風沙、水澇、鹽鹼交加，經過多年治理後，多數災區變成了良田，現在已是中國的小麥、烤菸、棉、麻等類作物的重要產區。河南原是中國較落後的省分之一，隨著交通運輸的發展，省內的經濟也隨之發展起來，尤其是工業發展更為迅速，很多輕工業躍居全國第一位，還有傳統的手工藝工業也得到發展和推廣。

農業

河南是中國小麥、油料、菸葉、棉花等作物的重點產區，也是林、牧、副、漁業發展潛力極大的省分。小麥、芝麻產量均居全國首位，棉花產量居全國第二位，糧食總產量居全國第一位。種植業產值占全省農業總產值的70％左右，主要集中在京廣線以東的平原地區。糧食作物以小麥、玉米、水稻、豆類及薯類為主，產量約占糧食作物總產量的85％。小麥種植面積大，產量約占全省糧食總產量的60％以上，是中國重

河南某火鶴花生產基地。河南的農業發展迅速，而且向多種經營發展，種植糧食和多種經濟作物，近年來花卉生產高居中國前列。

京九鐵路橋。河南的交通在中國占有重要地位，已成為中國東西南北交通的樞紐。

要的冬小麥產區。省內除淮河以南的地區小麥種植較少外，其他地區均以小麥種植為主。

工業

河南原是中國工業落後的省分，1949年以後隨著交通建設的加強，工業得到很好的發展。現今工業主要集中於京廣鐵路和隴海鐵路沿線的城市，全省有冶金、煤炭、機械製造等工業部門，

一些重要的工業產品產量在中國名列前茅。平頂山市已成為中國煤炭基地之一；鄭州是中國紡織工業基地之一；豫西已成為中國五大黃金生產基地之一；中原油田為中國的大油田之一。此外，省內還有一些在中國具有影響力的大型骨幹企業。

交通

河南省位居中原，東西南北交通地位十分重要。

省內的長途運輸以鐵路運輸為主，公路運輸在短途運輸中占重要地位，但內河運輸卻不發達。全省鐵路通車里程約4860公里，京廣、隴海兩大鐵路幹線縱橫貫穿省境，交會於省會鄭州，使鄭州成為全國重要鐵路樞紐，並有鄭徐、鄭渝、鄭合等高鐵路線。

✈ 旅遊地理

　　河南省地處中原，風光秀麗，交通便利，歷史文化源遠流長，有豐富的人文景觀和自然景觀資源。自夏商以來，先後有20多個朝代在河南建都，在這裡可以了解華夏文明的源頭，可以領略華夏6000年歷史文化的風采。自然景觀有太行山、伏牛山、桐柏山、大別山四大山系環繞，這些山勢雄偉壯觀，山、水、洞、林相互映襯，融為一體，構成了別具特色的自然景觀。在河南秀麗的自然景觀中，屬於國家公布的第一批重點風景名勝區有三個，即洛陽龍門、登封嵩山、信陽雞公山，此外還有多個省級風景名勝區和自然保護區。

嵩山

　　嵩山為五嶽中的中嶽，屬伏牛山脈，主體在鄭州登封市西北，由太室山和少室山組成，東西綿延60多公里。太室山山體雄偉高大、險峻壯麗，逶迤於少林河東，如醉臥蒼龍，故有「嵩山如臥」之說。少室山山體陡峭聳拔，層巒疊嶂，秀峙於少林河西，形如蓮花，故有「九朵蓮花山」之名。最高峰為峻極峰，海拔達1491.7公尺。嵩山山奇峰險，風光壯麗，又有眾多古蹟布列其間，此處儒、道、佛文化積澱豐厚，有許多帝王祭嶽遺存，還有嵩陽書院、中嶽廟、嵩陽觀、奉天宮、少林寺、嵩嶽寺塔、永泰寺等。在中國佛教史上，嵩山占有重要地位，法王寺為中國最早寺院之一，北魏時又成為中國禪宗發祥地，稱少林寺祖庭。嵩山在中國武術史上也占有重要地位，少林拳為武術著名拳派之一。嵩山周遭的文化遺存眾多且品質高，其數量為中國風景名勝區之最。

中嶽廟

　　中嶽廟位於登封市城東4公里的嵩山太室山南麓黃

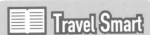

嵩山秋色。

蓋峰下，始建於秦，廟址在萬歲峰上。現存寺廟為清代重修，是河南省規模最大的宗教建築，廟體坐北朝南，南有東漢太室闕。從中華門起，經遙參亭、天中閣、配天作鎮坊、崇聖門、化三門、峻極門、崧高峻極坊、中嶽大殿、寢殿到御書樓共11進。中嶽大殿是此廟的主體建築，共45間。殿內神龕中塑中天王坐像，龕內外又配以侍臣、將帥等塑像。廟中北宋鑄造的四大鐵人，是中國現存鎮庫鐵人中最大、保存最好的佳作。

「天下武術出少林，少林武術甲天下」，源於嵩山少林寺的少林武術是中國著名的武術流派之一。

風穴寺周邊的大型塔林規模僅次於少林寺塔林，塔林分別在寺的東、西、南面，塔形有四、六、八角形之分，有的高達十幾公尺，有的僅一公尺高。

嵩陽書院

嵩陽書院位於嵩山南麓太室山腳下，建於北魏孝文帝太和八年（484），原為嵩陽寺，宋時改為太室書院，後又改為嵩陽書院，歷經金、元、明、清各代重修增建，是一所歷史悠久、規模宏大的官辦書院，與睢州的應天書院（睢陽書院）、湖南的嶽麓書院、江西的白鹿洞書院共稱為中國古代四大書院，宋代理學大師程顥、程頤曾在此講學。現存房舍為清代晚期建築，院內曾有古柏三株，現僅存兩株，是中國現存最古老的樹木之一。

龍門石窟

龍門位於洛陽城南12公里處，由熊耳山的分支龍門山、香山兩山構成，伊水中流，兩山東西夾峙如門闕，故名龍門，也稱伊闕。伊水兩岸山勢陡峭，山水勝美，石窟就密布於伊水兩岸的崖壁上，長達1000公尺。它同甘肅的敦煌石窟、山西大同的雲岡石窟並稱為中國古代佛教石窟藝術的三大寶庫。石窟始開鑿於北魏孝文帝遷都洛陽（494）前後，歷經東魏、西魏、北齊、北周、隋、唐和北宋諸朝，前後延續共達400多年之久。據1949年以後的統計，東西兩山現存窟龕共2100多個，佛

曾流失國外的火頂洞左肋菩薩頭像身首合璧。

龍門石窟。

龍門石窟造像。

塔40餘座，碑刻題記3600多塊，全山造像10萬餘尊。北魏時的古陽洞、賓陽洞、蓮花洞，唐代的潛溪寺、萬佛洞、看經寺、奉先寺等都是代表性的洞窟。奉先寺大盧舍那佛像龕的群像雕造，氣勢雄偉，雕琢精湛，表現了古代藝術大師的卓絕技藝。魏碑精華「龍門二十品」和唐代著名書法家褚遂良所書「伊闕佛龕之碑」，則是書法藝術史上的珍品。迄今1400多年中，龍門石窟遭受到自然風化的侵蝕和人為的破壞，損毀嚴重。1949年以後，這一古老的藝術寶庫得到妥善的保護，2000年11月被世界教科文組織列入《世界遺產名錄》。

嵩嶽寺塔

嵩嶽寺塔位於嵩陽書院西北4公里的山谷中，是中國現存最古老的密簷式磚砌佛塔，始建於北魏孝明帝正光元年（520）。塔共15層，高40多公尺，周長33.72公尺，壁厚2.45公尺，造型古拙。塔身呈拋物線形，密簷外疊向內收達1公尺多寬，塔的平面為12角，精巧獨特，外塗白灰，腰簷以上的磚柱均塗紅色。塔剎為石雕圓柱，覆蓮寶剎由寶珠、相輪、仰蓮狀受花等組成，高約2公尺，呈螺旋形，保留了印度佛塔的風格。

王屋山

王屋山在濟源市西北45公里處，係中條山東部支脈，因其形若王者之屋，故名。主峰上有一壇，相傳是4000多年前的軒轅皇帝為了祈天求雨而建，故又名天

壇或天壇峰。天壇峰聳立在
萬山叢中,為太行山之脊,
兩翼為日精峰、月華峰。王
屋山的自然風光與眾不同,
一年四季陰晴變幻,風雨無
常,雲煙繚繞,加上奇峰異
石,流雲晚照,懸泉飛瀑,
蔚為奇觀。

雲台山風景區

雲台山風景區地處太行山
南麓焦作市的修武縣境內,
由於山勢險峻、陡峭,落差
懸殊,常年雲霧繚繞,故稱
雲台山。景區面積190多平
方公里,含有泉瀑峽、潭瀑
峽、紅石峽、子房湖、萬善
寺、百家岩、仙苑、聖頂、
疊彩洞、青龍峽等十大景
點。雲台山以山稱奇,整個
遊覽區有奇峰秀嶺36座,天
然石灰岩洞20餘個。

山陝會館

山陝會館又名山陝廟、關
公祠,位於南陽市東45公
里處的社旗縣城中心。山陝
會館始建於清乾隆四十七年
(1782),由當時山西、
陝西兩省在社旗縣的商賈集
資興建,占地面積7758.5平
方公尺,坐北向南,層層疊
疊,蔚為壯觀。山陝會館全
部殿宇為清代木結構建築,
主要建築有大拜殿、東西陪
殿、東西長廊、懸鑒樓、
鐘鼓二樓、東西轅門、鐵旗

高達40餘公尺的嵩嶽寺塔,其建築技術可謂高超,雖歷經1400多年的風雨
滄桑,仍然巍然屹立。

雲台山瀑布。

桿、琉璃照壁等，分前、中、後三進院落，布局完整對稱。穿過鐘鼓樓進入中院，院中有一條青石甬道，直通大拜殿。此殿是會館的中心正殿，高23.14公尺，殿前立三間四柱式石牌坊，牌坊上下滿布雕刻的八愛圖、五福圖及歷史故事。

白馬寺

白馬寺位於洛陽市老城東13公里的邙山南麓洛河北岸，是佛教傳入中國內地興建的第一座寺院，初建於東漢明帝永平十一年（68）。因大臣蔡愔、秦景出使天竺（今印度）請佛取經，用白馬馱載回來佛像和佛經，為了紀念白馬馱經，就稱這所佛院為白馬寺，也被尊為「釋源」和「祖庭」。現有五重大殿和四個大院以及東西廂房，前為山門，山門內東、西兩側有攝摩騰和竺法蘭二僧墓。五重大殿由南向北依次為天王殿、大佛殿、大雄寶殿、接引殿和毗盧殿，每座大殿都有造像，多為元、明、清時期的作品。寺內還有碑刻40多方，有重要的歷史價值。

關林

關林位於洛陽城南關林鎮，即關羽的廟堂和陵墓，因墓前植有古柏千株，故稱關林。正門為五開間、三門道，朱漆大門鑲有81個金黃乳丁，享有中國帝王尊貴品級。殿宇蓋顯高聳、飛翅凌空，廳中塑有關羽頭戴十二冕旒王冠、身著龍袍的坐像，關羽身旁有捧大印的兒子關平和持刀的周倉立像。後邊的二殿即武殿，三殿即春秋殿，廳內有關公秉燭夜讀《春秋》的坐像及臥像。

相國寺

相國寺位於開封市中心，是中國著名佛教寺院之一。712年唐睿宗李旦將其更名為相國寺，並親筆御書「大相國寺」的匾額。唐、宋是相國寺的鼎盛時期，有「大相國寺天下雄」之稱。全寺分為64個院，每院都有住持，由皇帝賜予封號，僧眾達2000多人。現存相國寺的主要建築都是清代遺物。

山陝會館是中國規模最大、保存最好的一座會館，有「中國第一會館」之稱。

中南 湖北

🌐 行政區劃

湖北省簡稱鄂,因位於洞庭湖以北而得名。它處於中國中南部中心地帶,長江中游,北鄰河南省,東毗安徽省,東南和南連江西、湖南兩省,西接重慶市,西北與陝西省為鄰。地處東經108°21`～116°07`、北緯29°05`～33°20`,面積18萬多平方公里。轄12個地級市,恩施土家族苗族自治州及神農架林區,39個市轄區、24個縣級市、37個縣和2個自治縣,省會武漢市。

武漢市

武漢市是湖北省省會,長江沿岸著名港口,華中地區水陸交通樞紐,中國歷史文化名城。位於省境東部,漢江與長江交匯處,由武昌、漢口和漢陽三地組成,俗稱「武漢三鎮」。現面積8494平方公里,人口1076萬,以漢族居多,有回、苗、土家等42個少數民族,轄13個區。市境位於江漢平原東南部,北為大別山地,南為幕阜山地。地勢南北高,中間低,河湖密布。農業主產稻穀、小麥、棉花、油菜籽,盛產淡水魚、蓮藕。武漢還是長江航運中心和重要外貿口岸,自2010年以來京廣、漢宜等22條鐵路開發,成為中國鐵路「兩縱兩橫」的交匯點,武漢站也是亞洲規模最大的高鐵站之一,公路幹線有316國道、318國道、107國道,還有京港澳、滬蓉高速公路主幹線也在此交匯,水運以長江、漢江為主。市內有黃鶴樓等風景名勝。

荊州市

荊州市是湖北重要的河港,也是江漢平原的物資集散地,位於省境中南部,距省會武漢市203公里。面積14131平方公里,人口690萬,以漢族為多,有回、土

家、滿、蒙古、藏等28個少數民族。市政府駐沙市區，轄2區3縣和3個縣級市。地勢西北高、東南低，低山、丘陵、崗地、平原逐漸過渡傾斜。農業以糧、棉、油生產為主，水產品豐富。水陸交通有長江航道、漢江航道、漢宜一級公路、207國道、318國道，焦柳鐵路等。

宜昌市

宜昌市是中國著名的水電基地，位於省境西南部，長江三峽出口，為長江上、中游的分界處，素有「川鄂咽喉」之稱。宜昌市總面積21084平方公里，轄5區3縣，長陽、五峰2個土家族自治縣和3個縣級市。市境位於鄂西山地與江漢平原過渡地帶，境內丘崗起伏，僅中部長江北岸較平坦。市區緊臨長江北岸，以舊城為中心，沿長江呈帶狀分布，幹道多與長江平行或垂直。工業主要有水電、輕工、建材、煤炭、電子、印刷等門類，農業主產稻穀、玉米、薯類、棉花和油料。除長江航道之外，境內有焦柳鐵路，高鐵宜昌東站，318國道、209國道，宜（昌）黃（石）高速公路以及一個機場，形成了水陸空立體交通網絡。

湖北宜昌市鎮江閣。

👤 人口、民族

　　湖北省是中國人口數量較多的省分，全省人口5885萬（2016年）。人口密度每平方公里319人。人口分布不均，以丹江口—南漳—宜都連線為界，人口密度東部大於西部。湖北為多民族省分之一，有漢、土家、苗、回、侗、滿、壯、蒙古等50個民族。漢族占全省總人口的95.6%，各少數民族占4.4%，其中以土家族最多。

🏛 歷史文化

　　湖北在先秦時期是楚國的領地和國都所在地，古楚人在這片古老的土地上創造了與中原文化並列為華夏文明兩大源頭的楚文化。楚文化張揚而絢爛，浪漫主義詩人屈原、遠赴塞北的王昭君、唐代大詩人孟浩然等都是在這一文化氛圍中孕育出來的名垂青史的湖北人。由於湖北位於中國腹地，地跨長江天險，所以歷來是兵家必爭之地。三國孫劉抗曹、宋末襄陽之圍、清末武昌起義等歷史上重大的、改變歷史進程的軍事活動都發生在這裡。

隆中山腳下有一座四柱三樓的青石牌坊，牌坊背面為「三代下一人」五個大字，這是宋代文學家蘇軾對諸葛亮的評語。

諸葛亮出山

　　諸葛亮，字孔明，是三國時期著名的政治家，有「臥龍先生」之稱。他於東漢末年隱居在襄陽隆中，劉備帶著關羽、張飛前往隆中三顧茅廬邀請他出山。諸葛亮非常感激劉備的知遇之恩，為他分析了當時的時局，提出西據荊、益，南和夷、越，東聯孫吳，北抗曹操，三分天下，待機進據中原的戰略思想，這就是著名的「隆中對」。諸葛亮出山後，連燒三把大火（火燒新野、火燒博望坡、火燒赤壁），遏制曹操南下的勢頭，使劉備占據荊州這個戰略要地，為後來攻取益州進而三分天下打下堅實的基礎。

茶聖陸羽

　　陸羽是復州竟陵郡（湖北天門）人，生於唐玄宗開元年間，字鴻漸，自號桑苧翁，又號東岡子。他自幼在龍蓋寺的積公禪師的薰陶下，對茶藝有了初步的認識。安史之亂時流亡到湖州，在各大茶區遊歷考察，學習茶農種茶、品茶和烹茶的經驗方法，並總結出一套規律。他於建中元年（780）完成的《茶經》是世界上第一部茶葉專著，是唐代和唐以前有關茶葉生產和製作的科學知識和實踐經驗的系統

總結。陸羽本人也因為這部書的卓越貢獻，被後人譽為「茶仙」、「茶聖」、「茶神」。

武昌起義

1911年發生在四川、廣東、湖北、湖南等地的保路運動波瀾壯闊，並成為辛亥革命的導火線。長期以來，武漢革命黨人在各界群眾尤其是新軍中聚集了雄厚的革命力量。9月9日共進會領導人孫武製作炸彈失事暴露行動，文學社領導人蔣翊武決定當夜行動。10日晚7時左右，武昌城外的輜重營和城內工程第八營幾乎同時發動，各營繼起。經一夜苦戰，革命軍占領總督署，全城光復，漢陽、漢口也先後被革命軍占領，並於11日宣布成立中華民國湖北軍政府。清湖北新軍協統黎元洪在革命士兵的槍口逼迫下做了湖北軍政府的都督。軍政府隨即發布各種文電，號召各省為推翻清朝建立民國而奮鬥。武昌起義的勝利，掀起了全國規模的辛亥革命。

武昌起義成功後，湖北軍政府曾經懸掛十八星旗以區別於清朝的旗號。

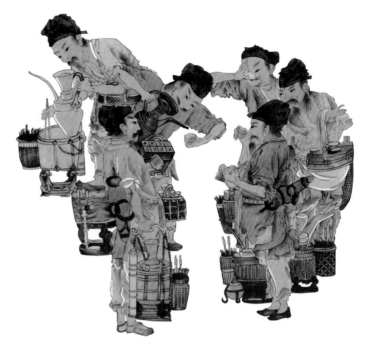

宋代的《鬥茶圖》。《茶經》問世之後，茶道在中國逐漸盛行，至宋朝時達到頂峰。

Travel Smart

秭歸的耕牛

秭歸縣樂平里是屈原的誕生地，這裡有一種有趣的現象，耕牛不穿牛鼻繩照樣聽人使喚。傳說屈原挑書箱出山，半路捆書箱的繩子斷了，他見路旁有位農夫在犁田，就借了他耕牛的牛鼻繩。農夫為難，牛沒有鼻繩怎麼行呢？屈原說牛通人性，你善待牠，牠就善待你，不用穿鼻繩也不用鞭子，只要發出「哇上」、「哇下」的吆喝聲就行。農夫將信將疑地解了牛鼻繩，耕牛果真如屈原所說。從此，樂平里一帶的耕牛就再也不用套牛鼻繩了。

地貌

湖北省處於中國地勢第二級階梯向第三級階梯過渡地帶，地貌類型多樣，山地、丘陵、崗地和平原兼備。地勢高低相差懸殊，西部號稱「華中屋脊」的神農架最高峰神農頂，海拔達3105公尺；東部平原的監利縣譚家淵附近，地面高度為零。全省西、北、東三面被武陵山、巫山、大巴山、武當山、桐柏山、大別山、幕阜山等山地環繞，山前丘陵崗地廣布，中南部為江漢平原，與湖南省洞庭湖平原連成一片。

大別山

大別山是長江與淮河水系的分水嶺，位於豫、鄂、皖三省邊境，西接桐柏山，東延為霍山（也稱皖山）和張八嶺。大別山一般海拔500～800公尺，山地主要部分為1500公尺左右，主峰天堂寨1729公尺。大別山山間谷地寬廣開闊，並有河漫灘和階地平原，是主要農耕地區。山地多深谷陡坡，地形複雜，坡向多變。大別山垂直自然帶大致以海拔900公尺為界，900公尺以下氣候屬北亞熱帶季風型，溫暖潮濕，降水豐富。大別山植物生長茂密，種類複雜，有許多南方植物種類，如馬尾松、杉木、油桐、烏桕、油茶、茶、毛竹等。900公尺以上直至山頂，氣候較涼濕，多雲霧，蒸發弱，相對濕度大；隨高度增加，亞熱帶植物種類逐漸減少，代表性植被是針葉闊葉混交林，但以落葉闊葉樹種為主，針葉樹種為次。

江漢平原

江漢平原是由長江與漢水沖積而成的平原，位於湖北省中南部，西起枝江，東迄武漢，北自鍾祥，南與洞庭湖平原相連，面積3萬餘平方公里。江漢平原地勢低平，除邊緣分布有海拔約50公尺的平緩崗地和百餘公尺的低丘外，海拔均在35公尺以下。平原內湖泊星羅，水網交織，垸堤縱橫。地表組成物質以近代河流沖積物和湖泊淤積物為主，屬細砂、粉砂及黏土。江漢平原大小湖泊約300多個，重要的有洪湖、長湖、排湖、大同湖、大沙湖等。湖泊一般底平水淺，能調蓄江河水量，減輕平原旱澇災害。江漢平原是中國的高產優質棉區之一。水田集中分布於河間凹地和平原邊緣，糧食商品率較高，為中國重要商品糧基地之一。此處的湖區也是中國的著名水產區，不僅盛產青、草、鰱、鱅四大家魚，鯉、鯽、桂、烏鱧等魚類也很多，還盛產蝦、蟹、貝類、蓮、藕、菱、蘆葦和水禽。

巍峨聳立的大別山。

🌀 水系

湖北省境內的第一大河為長江，其幹流偏於省境南部，主要支流多集中在北岸，水系發育呈不對稱性，漢水則是第二大河流。省內河長在5公里以上的中小河流共有1193條，總長度達3.5萬多公里。全省多年平均徑流總量為946.1億立方公尺，相當於全國河川徑流總量的3.59%，省內河流多發源於山區丘陵地帶，其中90%以上集中分布於鄂西山區。湖北省湖泊眾多，有「千湖之省」的美稱，眾多的湖泊集中分布於江漢平原和鄂東沿江平原地區，對調蓄、養殖、灌溉和航運等起著巨大作用。

洪湖

洪湖是湖北省最大的湖泊，為窪地湖，位於省境南部，東面與長江的自然堤相隔，內荊河一內河在北面成弧狀繞流，流域面積5981平方公里。湖面北寬南窄，略呈三角形，面積413平方公里，容積7.5億立方公尺。

歷史上通過內荊河與長江、東荊河間湖群相連，並與長江相通。湖內有機質豐富，魚類達30餘種，以鯖、鱺、鯉、鱅、鮔、鯽、鯰、鱔、鱧、鯿、鱥等較常見，水生生物中的洪湖白蓮為著名特產。洪湖為候鳥冬棲地，常見者有青頭鴨、黃鴨、中鴨、八鴨等18種，為湖北省羽絨的天然產地。

清江

清江是湖北省境內第三大河，發源於省境內利川市東北的齊岳龍山洞溝，自西向東於枝城東北注入長江，全長423公里，流域面積1.67萬平方公里。清江流域地勢自西向東傾斜，除上游利川、恩施、建始三塊較大盆地及河口附近有少數丘陵、平原外，80%以上是山地。流域內石灰岩廣布，岩溶地貌（又稱「喀斯特地貌」）發育。恩施至長灘間水能蘊藏集中，適合建造以發電為主，兼有防洪、航運等效益的大型水庫。清江流域的森林資源居全省第二位。

洪湖號稱百里長湖，歷來是湖北的水產基地。

🌧 氣候

湖北省主要屬於北亞熱帶季風氣候，具有從亞熱帶向暖溫帶過渡的特徵。光照充足，熱量豐富，無霜期長，降水豐沛，雨熱同季，利於農業生產。年均溫15～17℃，鄂東沿江和三峽河谷在17℃左右，鄂北低於16℃，山區則隨海拔的增加而降低。7月平均氣溫為27～29℃，江漢平原最高溫在40℃以上，為中國酷熱地區之一；1月平均氣溫3～4℃，三峽河谷高於5℃，北部和山區2℃左右。無霜期大體是南部長於北部，平原河谷盆地長於山區。全省降水充沛，年均降水量800～1600公釐，自東南向西北逐漸減少。

夜宿街頭納涼

武漢地處江河谷地，上空受熱帶高氣壓控制，地面熱量難以向外散發，氣溫顯著偏高。再加上武漢地區湖泊眾多，空氣濕度大，使武漢成為長江流域「三大火爐」城之一。尤其在夏日夜晚，城內悶熱無風，根本無法在屋內安睡，所以每當夏日的驕陽剛剛退去，市民們就忙著向滾燙的地面潑水，隨後紛紛從家裡搬出竹床、鋪板、躺椅等沿街鋪起來，街道為之堵塞。晚飯後，人們坐在床鋪上搖著蒲扇，邊聊天邊納涼直至深夜。天剛亮時，人們又紛紛起身收鋪，街道上很快一片空蕩。

🌳 自然資源

湖北全省已發現礦產136種，已探明儲量的達88種，磷、金紅石、矽灰石等礦產的探明儲量居全國首位。水能是湖北能源資源的突出優勢，可開發的水能居全國第四位。全省動物資源達700多種，約占全國動物種類的1/4，其中屬國家規定的珍稀保護動物有白豚、金絲猴、江豚（江豬）、大鯢等50多種。全省種子植物3700多種，森林覆蓋率為31.6%。神農架為中國中部最大的原始森林，被譽為「華中林海」，世界觀賞名木金錢松、珙桐、水杉等珍稀樹種就生長在這裡。

珙桐

珙桐屬藍果樹科，是國家一級保護稀有樹種，為落葉喬木，高15～20公尺。花形奇特，在頭狀花序基部有兩個白色苞片，形如飛鴿的翅膀，故有「鴿子樹」之名，也是聞名於世的觀賞樹種。珙桐為第三紀古熱帶植物區系孓遺種，分布於西南地區和湖北、湖南、陝西，生長於海拔1250～2200公尺處的常綠闊葉林或常綠、落葉闊葉混交林中。

水杉

水杉是中國特有樹種和世界著名的孓遺植物，有「植物界的大熊貓」之稱，是國家一級保護稀有樹種。在1億年以前，水杉曾廣泛分布在歐、亞、北美各地。在200多萬年前的第四紀冰川的影響下，世界各地的水杉相繼滅絕，直到1940年代才被發現於湖北、四川、湖南三省交界地區。水杉屬於裸子植物，杉科，為落葉大喬木，高度可達35～42公尺，胸徑為1.6～2.4公尺。

白冠長尾雉

白冠長尾雉別名長尾雉，屬於雉科，為國家二級保護

白冠長尾雉。

動物，分布於中國北部、中部及西南部山區。雄鳥全長約170公分，雌鳥68公分左右。雄鳥上體大都金黃色，具黑喉，頭和頸均為白色，白色頸部的下方有一黑領。飛羽深栗色，具白斑，尾羽特長，具黑色和栗色並列橫斑。下體栗色，具白色雜斑，腹部中央黑色，嘴角綠色，腳灰褐色。雌鳥體羽以棕褐色為主，有大型矢狀斑。棲息於海拔600～2000公尺的山區，常見於長滿樹木的懸崖陡壁下的山谷中，以松、柏、橡樹種子及野百合球莖為食，也食昆蟲。3月中旬進入繁殖期，每窩產卵8～10枚，孵卵期約28天。

大鯢

　　大鯢別名娃娃魚，屬隱鰓鯢科，為國家二級保護動物，分布於華中、華北、華南和西南各省。大鯢最長可超過1公尺，頭部扁平、鈍圓，口大，眼不發達，無眼瞼。身體前部扁平，至尾部逐漸轉為側扁。體兩側有明顯的膚褶，四肢短扁，指、趾前五後四，具微蹼。尾圓形，尾上下有鰭狀物。體表光滑，布滿黏液，身體背面為黑色和棕紅色相雜，腹面顏色淺淡。生活在山區的清澈溪流中，一般都匿居在山溪的石隙間。

水杉。

經濟

湖北省糧食作物以水稻、小麥為主；經濟作物以棉花、油料為主。江漢平原是中國重要的商品糧棉基地，並是中國重要的淡水魚養殖基地。主要林副特產有苧麻、生漆、桐油、柑橘、茶葉、木耳、木梓、黃連、天麻等。主要工業部門有鋼鐵、電力、機械、汽車、建材、紡織和食品等。武漢是全國大型鋼鐵基地之一，宜昌是中國重要的水電基地。湖北水陸空交通發達，高鐵可通達所有地級以上城市，京廣、京九、焦柳、武九、襄渝等12條鐵路幹線通過省境，8條國道與省級公路聯成公路交通網，長江、漢水是兩大水運幹線。

農業

湖北農業以耕作業為主，是中國重要的糧食產區之一。耕作業以水稻、小麥為主，又以水稻所占比重為大，江漢平原為重點的商品糧基地。雜糧主要產於鄂西山區，經濟作物以棉花、油料為主，次為麻類、菸草、藥材等，棉田集中於江漢平原、鄂東和鄂北三棉區。油料作物有芝麻、油菜、花生等，以芝麻為最，產量居全國第二位。畜牧業以飼養豬、牛、羊為主，生豬飼養量最大。漁業以湖泊、水庫養殖為主，為國內著名的淡水漁業基地之一，境內長江水系有經濟魚類50餘種，著名的武昌魚（團頭魴）即產於樊口附近梁子湖一帶。

工業

湖北省建立了以鋼鐵、機械、電力、紡織、食品為主體，門類齊全的綜合性工業生產體系，其中汽車製造業以十堰、武漢為中心。動力機械以生產礦山所需的破碎設備和選礦設備為主，主要產於武漢。電力工業以水電為主，建有葛洲壩、漢江、丹江口、隔河岩、堵河、黃龍灘等水電站，三峽水電站正在建設中。紡織工業包括棉、麻、毛絲、化纖等部門，以棉紡織工業為主；主要分布於武漢、黃石、襄樊、宜昌、荊州等地，其中武漢是省內最大的紡織工業基地，也是中國著名的棉紡織中心之一。

交通

湖北歷來為中國水陸交通運輸樞紐。武漢港為長江中游最大的內河港口，黃石、宜昌、荊州、宜都等也是重要河港。漢水是溝通鄂西北和江漢平原的重要航道，襄樊和老河口為漢水的重要河

湖北的無核橘、柑橘、葉橘是有名的土特產品。

港。京廣線和京九線縱貫省境東部，同焦柳、漢丹、襄渝4線共同構成省內外陸路交通運輸的主幹線，高鐵則有武廣、石武、合武、西武和武九等線路。主要公路幹線有漢孟線、漢沙線、漢宜線；與鄰省相通的公路幹線有鄂贛線、鄂皖線以及老白線。武漢市有航線通往北京、上海、廣州、成都等地，省內有航線通往荊州、宜昌和恩施。

✈ 旅遊地理

　　湖北省境內河網水道密集，湖泊眾多，香溪河、下牢溪，洪湖、東湖、龍泉瀑布、吊水岩瀑布，清江三峽等都是名聞遐邇的水景，還有眾多的古泉、古井和地下溫泉。湖北東、西、北三面環山，奇峰峻嶺之中有名揚天下的道教勝地武當山和九宮山、神祕古奧的神農架、紅安的天台山、武漢的珞珈山、羅田的天堂山、當陽的玉泉山等。秭歸屈原故里、昭君故里、紀南故城、黃鶴樓、東坡赤壁、三國赤壁等歷史遺跡，也是旅遊勝地。

神農架

　　神農架位於湖北省西部，與房縣、竹山、保康、興山、巴東諸縣接壤，面積3250平方公里，相傳炎帝神農氏曾在此搭架上山採藥，因而得名。神農架處於大巴山東部，為湖北省西部長江和漢江的分水嶺，區內群峰林立，由石灰岩、砂岩構成脊嶺高聳、屈嶺盤結的雄偉山體，一般高度均在1000公尺以上，有6座山峰高達3000公尺以上。林區西南部的大神農架，海拔3053公尺，其北之神農頂則海拔3105公尺，為華中第一峰。距今250萬年前的第四紀，中國中部陸地處於冰川活躍

神農架山體高大，從主峰到周圍海拔500公尺以下的山麓河谷地帶，直線距離不過30多公里，但相對高差可達2500公尺以上。主峰一帶常年平均氣溫只有6℃左右，從9月到次年4月底，為積雪覆蓋。即使在夏天最熱的時

期，而神農架鮮受波及，成了當時動植物的避難所，使眾多生物得以生存繁衍至今，故有「中國冰川時期的諾亞方舟」之稱。神農架地處中國東西、南北植被過渡地帶，植物種類非常複雜；又因山地陡聳，植被垂直分布規律十分明顯，呈現出「山腳盛夏山嶺春，山麓豔秋山頂冰；赤橙黃綠四時備，春夏秋冬最難分」的奇妙景象。神農架有植物2000多種，其中藥用植物近千種，珍貴樹種30多種。動物有500多種，其中20多種為國家保護的珍貴動物。1978年，在神農架西南部大小神農頂建立了以金絲猴、毛冠鹿、珙桐、雙盾木為主要

保護對象的國家級自然保護區，現已被聯合國教科文組織列入「國際人與生物圈保護區網」。

明顯陵

明顯陵坐落在鍾祥市城北7.5公里處的松林山，是明世宗嘉靖皇帝之父朱祐及母蔣氏的合葬墓，是中南唯一也是中國最大的單體帝王陵。明顯陵占地33萬平方公尺，四周是朱色城牆，周長3.6公里。據有關史料記載，顯陵的建築反映了當時最高的工藝水準，是古代建築藝術大師們的精美傑作。寶城、明樓、恩殿、欞星門、恩門等彼此之間的浮雕圖案，其

精美程度已達到完美無瑕的水準，是明清以來不可多得的藝術珍品。顯陵雖在明末毀於兵火，分布在長1300多公尺的神道兩旁的石人、石馬、石象等仍威武雄壯，栩栩如生。

曾侯乙墓

曾侯乙墓是中國戰國初期曾國國君乙的墓葬，位於湖北隨州市擂鼓墩。墓坑開鑿於紅礫岩中，為多邊形豎穴墓，南北16.5公尺，東西21公尺。內置木槨，槨外填充木炭及青膏泥，其上為夯土。槨內分東、中、北、西四室：東室置曾侯乙木棺，雙重，外棺有青銅框架，內

明顯陵寶城前方城台上的明樓。

湖北曾侯乙墓出土的編鐘。

棺外面彩繪門窗及守衛的神獸武士；中室放置隨葬的禮樂器；北室放置兵器及車馬器等；西室置殉葬人木棺13具。墓中出土了大量精美的青銅禮器、樂器、兵器、金器、玉器、車馬器及竹簡等文物近1.5萬餘件。

荊州古城

荊州古城坐落在荊州區境內，巍巍而立的古城牆高8.83公尺，周長10.5公里，總面積約4.5平方公里，呈不規則橢圓形。全城有城垛4576個，砲台26個。城基用大塊條石疊成，城磚用石灰糯米漿灌縫，非常堅固。城牆外，護城河緊相環抱，寬30～100公尺。全城城門六座，城門上建有雄偉的城門樓，門樓邊有藏兵洞。荊州古城距今已有2000多年

的歷史，現存的城牆和城樓是清順治年間（1644～1661）修復的。這裡自古為兵家必爭之地，戰國時秦將白起攻楚及三國時的彝陵之戰都發生在這裡。

Travel Smart

江漢皮影

湖北的皮影戲迄今已有300多年的歷史，主要分為鄂東皮影和江漢皮影兩大類。皮影戲的戲劇題材以民間傳說、歷史故事、英雄傳奇為主，具有濃厚的民間色彩。江漢皮影是江漢人們自己的「土電影」，深受人們的喜愛。江漢皮影一般高70公分，總體上形象浪漫、誇張，不像北方皮影那樣側重於圖案性。而且江漢皮影中戲劇效果很好，如女旦清秀、柔美，奸丑角誇張變形。

曾侯乙墓編鐘上的人形支架鑄造精巧，構思奇妙。

歸元寺

歸元寺位於武漢市漢陽翠微街20號,始建於清順治十五年(1658),取「歸元性不二,方便有多門」的佛偈而命名,素有湖北首剎之稱。歸元寺分為東、西、南、北、中5個院落,占地4.7萬平方公尺,建築面積達2萬平方公尺,現存大雄寶殿、藏經閣、鼓樓、羅漢堂等殿堂樓閣28棟,殿舍200餘間。寺院內林木蔥鬱,與巍峨的殿閣建築協調一致,其中羅漢堂供奉有500尊泥塑全身羅漢,是該寺院的重要特色之一。歸元寺的整個平面布局呈「袈裟」形狀,這是它在建築布局上與其他佛寺的主要區別。歸元寺大雄寶殿前的供桌,是由一整

塊柏木雕刻而成,長3.6公尺,雕有五龍戲珠圖案。此外,大多數寺廟的銘牌均橫書懸嵌於寺廟三門之楣,而歸元寺的銘牌是直匾,這在中國寺廟建築史中是較罕見的,堪稱叢林一奇。

武漢長江大橋

武漢長江大橋位於武漢市內,橫跨於武昌蛇山和漢陽龜山之間,1955年9月1日興建,1957年10月13日建成通車,是中國在萬里長江上修建的第一座鐵路、公路兩用橋。大橋全長1670公尺,上層公路,寬18公尺,4車道;下層鐵路,寬14.5公尺,兩列火車可同時對開。其中正橋長1156公尺,漢陽岸引橋長303公尺,武昌岸引橋長211公尺。橋身為三聯連續橋梁,每聯3孔,共8墩9孔,每孔跨度182公尺,巨輪可暢行無阻。從底層坐電梯可直接上大橋公路橋面參觀。8個巨型橋墩矗立在大江之中,「米」字形桁架與菱格帶副豎桿,使巨大的鋼梁透出一派清秀的景象。它不僅是長江上一道亮麗的風景,也是一座歷史豐碑。

黃鶴樓

黃鶴樓位於武昌蛇山西端的黃鶴磯上,始建於三國吳黃武二年(223)。該樓最初用作軍事的望樓,後來

成為人們登高攬勝的地方,到唐朝時就已成為著名的遊覽勝地,與岳陽樓、滕王閣並稱江南三大名樓。歷史上黃鶴樓屢毀屢修,現在的黃鶴樓建成於1985年。樓分五層,第一層有寬大的抱廈環繞主樓;二、三、四層直通向上;第五層以攢尖頂為核心,四方各抱起一座「歇山式」的小樓牌,寶頂為黃色琉璃的葫蘆瓶。牌樓下方分別懸掛長方形大匾,每塊15平方公尺,正面書「黃鶴樓」三個大字,背面書「楚天極目」,南北兩面分別題「南維高拱」、「北斗平臨」。

歸元寺羅漢堂內的觀音塑像。

夜幕中的黃鶴樓被燈光裝扮得宛如神話中的瓊樓玉宇。

武當山

武當山位於湖北省西北部，漢江南岸，總面積約240平方公里，號稱「八百里武當」。主峰天柱峰，海拔1612公尺。有七十二峰、三十六岩、二十四澗、十一洞、三潭、九泉、十池、九井、十石、九台等勝景，上、下十八盤險道等奇觀。因周朝伊喜、漢代陰長生、晉代謝允、唐代呂純陽、宋代陳摶、元代張守清、元末明初張三豐等均曾在此修煉，因此成為道教名山。明成祖自命為真武轉世，大興土木，建成33處規模宏大的宮觀群，計有八宮、二觀、三十六庵堂、七十二岩廟、三十九橋梁、十二亭台，殿宇達2萬多間，人稱「五里一庵十里宮，丹牆翠瓦望玲瓏」。現存建築大致保持明初的建築格局，其中金殿和紫霄宮、玄岳門為全國重點文物保護單位。其他宮觀如太和宮、南岩宮、五龍宮、遇真宮、玉虛宮、復真觀、元和觀等均保存完好，內有大量神像、法器、經籍等道教文物。1994年武當山古建築群被列入《世界遺產名錄》。

中國道教第一名山，
「五里一庵十里宮，丹牆碧瓦望玲瓏」。

金殿，俗稱金頂，坐落在海拔1612公尺的武當山天柱峰頂端。雖然經過500多年的風雨，依舊金碧絢麗。

壹　龍頭香

南岩宮的梁柱斗拱、門窗等均係巨石雕成，相傳真武大帝就是在這裡得道升天的。南岩內的天乙真慶宮建於懸崖絕壁之上，這裡最為吸引遊客的是殿前懸空伸出石雕龍頭香爐橫梁，長2.9公尺，寬僅有0.3公尺，梁上雕有雲龍，龍頭頂端雕有一香爐。在此仰視，危崖摩天；在此俯視，陡壁千仞。從前有不少香客為表現對龍神的虔誠，踏著龍背邁出三步，冒險到龍頭敬香，正所謂「危險萬狀不足畏，唯求龍神顯神靈」，結果墜崖殉命者不知多少，至清康熙年間才嚴格下令禁止，並設欄門加鎖。如今站在此扶欄俯視，仍令人感到毛骨悚然。

貳　武當山金殿

武當山金殿坐落在武當山主峰——天峰柱上,是中國最大的銅鑄鎏金大殿。金殿建於明永樂十四年(1416),高5.5公尺,寬5.8公尺,進深4.2公尺,係銅製鎏金仿木結構建築,須彌座石台基高72公分,前有月台,台基及月台均圍以精美的石欄。銅鑄簷柱12根,蓮花柱礎,面闊進深均為3間,重簷廡殿頂。上下簷部均有明代宮式做法的斗栱,在柱、梁、枋、額、門窗及天花板上,均線刻出明代彩畫紋樣,梁枋上為鏇子彩畫。殿內棟梁和藻井都有精細的花紋圖案,藻井上懸掛一顆鎏金明珠,人稱「避風仙珠」。傳說這顆寶珠能鎮住山風,使其不能吹進殿門,以保證殿內神燈長明不滅。

金殿內真武神像,是武當山尚存最美的一尊神像。

天乙真慶宮石殿前的龍頭香。

武當山古建築群

湖南

🌏 行政區劃

　　湖南省簡稱湘，位於長江中游、洞庭湖以南，因此得名。省境介於北緯24°39`～30°08`、東經108°47`～114°15`，北鄰湖北，東毗江西，南連廣東、廣西，西接貴州、重慶。東西寬約660多公里，南北長770多公里，面積21萬多平方公里。全省設置13個地級市和湘西土家族苗族自治州，省會長沙市。

長沙市

　　長沙市是湖南省省會，為中國歷史文化名城之一，位於省境東部，湘江下游長瀏盆地西緣。長沙市總面積11819平方公里，人口772.8萬，以漢族為多，有回、土家、苗、滿、侗等24個少數民族。轄6區1縣，代管2個縣級市。地勢西南高東北低，湘江縱貫南北，是湘東山地、湘中丘陵和洞庭湖平原接合部。礦藏有鐵、釩、銅、硫、磷、重晶石、花崗石、煤等40餘種，工業以輕紡、機械、化工、冶金、食品為主。農作物有水稻、

油菜、茶葉、蔬菜等，歷史上長沙還是中國四大米市之一。京廣鐵路和2016年開通的長石鐵路縱橫境內，長沙站為京廣、湘黔、浙贛三大幹線中轉樞紐，長沙南站則是連接京廣高鐵與滬昆高鐵的重要樞紐；106國道、107國道、319國道和其他幹線、高等級公路交織密布；湘江、瀏陽河、撈刀河流經境內，可常年通航。

岳陽市

　　岳陽市是歷史文化名城，長江沿岸對外開放城市，為湖南省第一大河港，是

「湘北門戶」。位於省境東北部，西瀕洞庭湖，北臨長江。面積14896平方公里，人口568萬，轄3區4縣，代管汨羅、臨湘2個縣級市。地處洞庭湖平原區東部和湘東低山丘陵區北端，境內河流湖泊眾多，東洞庭湖水面積廣大，是當今洞庭湖最大的通江水域。主要河流湖泊有汨羅江、新牆河、華容河、南湖、芭蕉湖等，東部低山丘陵區森林資源豐富。

瀏陽市

瀏陽市是著名的金橘和鞭炮之鄉，為縣級市，由長沙市代管，位於省境東部，東南與江西省銅鼓、萬載、宜春、萍鄉等縣市接壤。面積5008平方公里，人口145萬。地處幕阜—羅霄山脈北段，地勢東北高、西南低，山地、丘陵、盆地交錯，河流縱橫。主要礦產資源有煤、鐵、銻、錳、磷等，林業資源豐富。瀏陽河、撈刀河、南川河可常年通航，106國道和319國道過境，醴瀏地方鐵路縱貫東南。農業主產稻穀、油茶，盛產茶葉、水果、蔬菜，特產以煙花爆竹最著名，菊花石雕、夏布、豆豉、麻菌、相思鳥等也遠近馳名。

岳陽市東南70公里處的張谷英村素有「江南第一村」之譽。

👤 人口、民族

湖南全省人口為6822萬（2016年），人口密度平均為每平方公里319人，省境西、南、東部山區人口較稀。全省市鎮人口多集中分布於湘江、資水、沅江沿岸及鐵路沿線城市，其中長沙、株洲、湘潭三市人口密度為每平方公里450人。湖南是多民族省分，有51個民族，其中世居的有漢、苗、土家、侗、瑤、回、維吾爾、壯、白族等9個民族。少數民族人口共680萬人，占全省總人口的10%左右，大多聚居在湘西和湘南山區，少數雜居在全省各地，其中以苗族和土家族人口最多，主要分布於湘西北，建立有湘西土家族苗族自治州。

土家族

土家族是居住在湘、鄂、渝、黔毗連地帶的一支歷史悠久的少數民族，主要聚集於湖南省武陵山區，此外在湖北省西部、重慶市東南以及貴州東北部，還有少量分布，人口約835萬（2010年）。土家族以「畢茲卡」為族稱（本地人的

土家族姑娘。

Travel Smart

擺手

土家族村寨每年正月新春（初三至十七）都要舉行「擺手」（土家族叫「社巴」）活動，這是土家族人紀念自己的祖先並且祈求神靈福佑的隆重的民族祀典，同時也是土家族廣大群眾最喜愛的大型文化娛樂活動。「擺手」在土王祠的擺手堂進行，先由主持祭祀儀式的「梯瑪」（巫師，俗稱土老師）進行祭祀；然後大家行三跪九拜的大禮；接著「梯瑪」做打掃儀式，祛災祈福；最後「梯瑪」和大家一起跳擺手舞，唱擺手歌，玩「故事帕帕」。整個擺手活動短則一個晚上，長則四天三夜，熱鬧非凡。土家族人的擺手舞和擺手歌，凝結了土家民族的歷史、風俗、文藝和語言等領域的精華，被奉為土家族的傳世瑰寶。

嶽麓書院創立於北宋開寶九年（976），歷經宋、元、明、清各代，1000多年來一直都是高等學府，堪稱世界上最早的大學。

意思），屬氐羌族群。土家族先民的史籍稱謂較多，秦漢時稱為板蠻、賨人等，此後多以地域命族名，被稱為酉酉蠻、嶁中蠻、巴建蠻、信州蠻等。宋代出現了區別於武陵地區其他族別而專指土家的「土民」、「土兵」等，以後隨著漢族居民大量遷入，「土家」作為族稱開始出現。土家族有自己的語言，其語言屬漢藏語系藏緬語族，是比較接近於彝語支的一支獨立語言；無本民族文字，大部分土家族兼通漢語，一般用漢字記載自己的思想語言，承傳本民族的歷史文化。其民族特徵是「敬土王，信土老師，說土語，過土家族節日，跳土家族舞，織土花布，以及基於前『六土』的客觀存在而形成的民族自覺意識」。在日常生活中用土家族語言作為交際工具的土家族人約30餘萬，主要聚居在湖南龍山、永順、保靖、古丈縣，湖北來鳳縣、重慶秀山縣。

歷史文化

距今8000多年前，就有先民棲息於湖南，商中葉後在中原文化影響下，湖南進入青銅器時代。春秋戰國之際，形成了具有獨特風格的楚文化，浪漫主義詩人屈原被楚王流放到湖南，留下〈離騷〉、〈九歌〉、〈天問〉等不朽詩篇。兩宋時期隨著中原居民大量南遷，湖南又成為湖湘文化的誕生地，千百年來，三湘四水，人傑地靈，文化薈萃。宋初中國的四大著名書院，湖南就有兩所，即長沙的嶽麓書院和衡陽的石鼓書院。在這種文化背景下，湖南相繼湧現出許多著名的思想家和政治家，如周敦頤、李東陽、王夫之等，真可謂「惟楚有材，於斯為盛」。

馬王堆漢墓

馬王堆漢墓位於長沙市芙蓉區馬王堆街道，為一馬鞍形土堆，封土堆高10餘公尺，直徑30公尺左右。1972～1974年相繼發掘，先後出土三座西漢墓葬，分別是西漢初期長沙國丞相利倉及其妻、兒的墓，其中第一、三號墓棺槨葬具保存完好。1972年1月16日考古工作者首先發掘馬王堆漢墓一號墓，此墓深達16公尺，內中棺槨的邊箱中塞滿大量的隨葬品。4月28日考古人員打開內棺材蓋，由此發現了埋存地下2100多年仍未腐爛的漢代女屍。墓內隨葬物品達3000餘件，有絲織品、帛書、帛畫、漆器、陶器、竹簡、竹木器、

蔡倫發明的造紙術是現代造紙術的淵源。

木桶、農畜產品、中草藥等。其中覆蓋在內棺上的一幅彩繪帛畫，花紋鮮豔，色彩絢麗，畫面內容想像豐富，是世間罕見的珍品。馬王堆漢墓的發掘，對中國的歷史和科學研究均有重大價值。出土文物後移至湖南省博物館陳列，三號墓坑則仍保留原樣，以供中外遊人參觀遊覽。

蔡倫

蔡倫是東漢桂陽（湖南耒陽）人，字敬仲。和帝時，為中常侍兼任尚方令，掌管宮廷御用手工作坊。當時他看到大家寫字很不方便，竹簡和木簡太笨重，絲帛太貴，絲綿紙生產量小，於是他開始研究改進造紙的方法。他總結前人造紙的大量經驗，帶領工匠們用樹皮、麻頭、破布和破魚網等原料來造紙。先把這些材料剪碎、切斷，放在水裡浸漬相當長時間，再搗爛成漿狀物，經過蒸煮，然後在席子上攤成薄片，放在太陽底下曬乾，這樣就造成一種既輕又薄的紙。元興元年（105），蔡倫把這種紙呈報朝廷，受到皇帝的稱讚，從此造紙術得到推廣。

毛澤東

毛澤東（1893～1976）是湖南湘潭韶山沖人，馬克思、列寧主義者，中國無產階級革命家、政治家和軍事家，中國共產黨、中國人民解放軍和中華人民共和國的主要締造者和領導人。1921年7月，毛澤東參加中國共產黨第一次全國代表大會，成為中國共產黨的創始人之一。1927年領導秋收起義，在井岡山建立第一個農村革命根據地。1935年召開的遵義會議確立了毛澤東的領導地位。1937年抗日戰爭爆發後，以毛澤東為首的中共中央堅持統一戰線中的獨立自主原則，建立許多敵後抗日根據地。1949年9月，毛澤東當選為中華人民共和國中央人民政府主席。

馬王堆漢墓一號墓出土的黑地彩繪棺槨，現陳列在湖南省博物館內。

🏔 地貌

湖南省處於雲貴高原向江南丘陵和南嶺山地向江漢平原的過渡地區，省境西南東三面為山地環繞，北部地勢低平，中部為丘陵盆地，地勢向北傾斜而又西高於東。可分湘西山地、南嶺山地、湘東山地、湘中丘陵、洞庭湖平原5個地形區，湘西山地主要為武陵和雪峰兩大山脈。武陵山海拔多為500～1500公尺，主峰壺瓶山2099公尺，為全省最高峰；雪峰山主脈南起城步、北至益陽附近。洞庭湖平原地勢平坦，海拔50公尺以下。

武陵山

武陵山是沅江和澧水幹流的分水嶺，位於湖南西北部及黔、鄂、湘三省邊境。主脈自貴州中部呈北東—南西走向，處於烏江與沅江之間。武陵山地是中國新華夏系第三隆起帶的一部分，屬於向西北突出的弧形構造，有一系列的褶皺和斷裂。武陵山由於受近代鄂西—貴州高原大面積急劇上升的影響，具有自西北向東南掀斜上升的性質，山嶺叢聚，溝壑縱橫，岩溶地貌發育；並呈現1200、1000、800、600、450、350公尺等多級剝夷面；宏觀地形高差不顯著，其間殘留若干較平緩的山頂面，東南側切割甚深，邊坡陡峭。山區氣候屬亞熱帶向暖溫帶過渡類型，夏涼冬冷，雨量適中。植被為華中區系，代表種類有水杉、黃杉、鐵堅杉、巴山榧樹、大果槭等，山林中棲息有熊、猴、雲豹、蘇門羚、黃腹角雉等多種動物。

雪峰山

雪峰山是湖南省東西兩部不同自然景觀及沅江和資

武陵山遠景。

水之間的分水嶺，位於省境中部偏西，中國第二級地勢階梯的南段轉折帶，雲貴高原東坡過渡到江南丘陵的東側邊幅，是較獨特的地理單元。雪峰山為正向構造的古老隆起山地，南起於湘桂邊境的大南山，尾翼傾伏於洞庭湖區，綿互300餘公里，橫跨80～120公里。主峰羅翁八面山蘇寶頂海拔1934公尺，整個山體兩側，大致呈現出東坡陡峻、西坡緩傾的地勢。沅江支流巫水、漵水、夷望溪，資水西源及其支流平溪、辰溪等均出自山地兩側。山地冬冷夏涼、潮濕多雨，森林植被具有較明顯的垂直帶譜，處於華中區系與華南區系的交匯地帶。

🌀 水系

湖南省內長度在5公里以上的河道有5341條，總長度9萬多公里，其中100公里以上的50條，500公里以上的7條，境內河網密度為平均每平方公里河流長度1.3公里。除少數河道出流鄰省外，絕大部分集結於湘、資、沅、澧，而後匯注洞庭湖，構成一個溝通長江具扇形輻聚式的洞庭湖水系。全省水能蘊藏量達1532萬千瓦，多集中於各河上中游。河流最高水位及流量最大時期常出現在4月～6月，正值梅雨來臨，水勢暴漲、洪峰迭起，「四水」沿岸易釀成災害；夏末秋初，長江洪峰頂托，湖區也易出現外洪內漬。

湘江

湘江又稱湘水，是長江中游南岸重要的支流。其主源海洋河，源出廣西臨桂縣海洋坪的龍門界，於全州附近匯入灌江和羅江，北流入湖南省，經17縣市，在湘陰濠河口分為東西二支，至蘆林潭又匯合注入洞庭湖。幹流全長856公里，流域面積9.46萬平方公里，河源與河口高差460餘公尺，平均比降0.134‰，水能蘊藏量521.7萬千瓦，其中湖南470.7萬千瓦。流域內年均降水量1650公釐，上游桂北地區1900公釐，中游盆地區僅1300公釐，年徑流總量、汛期水量分別為665億和394億立方公尺。湘江支流眾多，部分支流水土流失嚴重。零陵以上為上游，流經山區，谷窄、流短、水急，雨期多暴雨，

武陵山壯觀的冰柱景觀。

澧水為湖南四大水系之一，河水清澈澄淨。

一說到洞庭湖，總讓人想到「煙波浩淼」、「漁舟唱晚」等詩意的詞句。

湖南的雨、熱大致同季，有利
於主要農作物的生長。

枯水期地下水補給占25%
左右。零陵至衡陽為中游，
沿岸丘陵起伏，紅層盆地錯
落其間，河寬250～1000公
尺，常年可通航15～200噸
駁輪。衡陽以下進入下游，
河寬500～1000公尺，常年
可通航15～300噸駁輪，沿
河泥沙淤積，多邊灘、心
灘、沙洲。長沙以下為河口
段，常年可通航50～500噸
駁輪，多汊道和河成湖泊。
河口沖積平原與資、沅、澧
水的河口平原連成寬廣的濱
湖平原。

洞庭湖

洞庭湖是中國五大淡水
湖之一，為長江中游重要的
吞吐湖泊。湖區位於荊江南
岸，跨湘、鄂兩省，湖區面
積1.878萬平方公里，天然
湖面2740平方公里，另有內
湖1200平方公里。洞庭湖北
有分泄長江水流的松滋、太
平、藕池、調弦（1958年
堵口）四口；東、南、西三
面有湘、資、沅、澧等水直
接灌注入湖，形成不對稱的
向心水系，水量充沛，汛期
長而洪澇頻繁。城陵磯多年

平均徑流量3126億立方公尺，最大年徑流量5268億立方公尺（1954），最小年徑流量1990億立方公尺（1978）。5月～10月汛期徑流量占年均徑流量的75%；其中四口的徑流量達1164億立方公尺，占汛期徑流總量的48.5%。洞庭湖水位始漲於4月，7月～8月最高，11月至翌年3月為枯水期，多年最大水位變幅，岳陽達17.76公尺。洞庭湖素有「洪水一大片，枯水幾條線」，「霜落洞庭乾」之說。百餘年來，長江數次大水往南潰決，形成四口分流局面，江水裏挾大量泥沙入湖，湖泊迅速淤塞萎縮，現有水域不及全盛時期的一半，由全國第一大淡水湖退居為第二位。

氣候

湖南省屬中亞熱帶季風濕潤氣候，氣候溫和，熱量豐富，降水充沛，無霜期長，但濕熱分配不均。全省均溫為16～18℃，東南高於西北，東高於西，1月均溫4～6℃，臨湘出現過-18.1℃（1969年1月31日）的低溫。7月均溫多在27～30℃，最高溫大部分地區超過39℃，長沙、益陽、零陵曾出現43℃以上的高溫。無霜期自北而南為270～300天，大部分地區能滿足喜溫作物，特別是雙季稻對熱量的要求。全省年降水量1200～1700公釐，是中國雨水較多的省區之一。

自然資源

湖南省礦藏豐富，素以「有色金屬之鄉」和「非金屬之鄉」著稱。已探明儲量的80多種礦藏中，銻的儲量居世界首位，鎢、鉍、鈾、錳、釩、鉛、鋅以及非金屬雄黃、螢石、海泡石、獨居石、金剛石等居全國前列。湖南省植物種類多樣，群種豐富，是中國植物資源豐富的省分之一。主要樹種有馬尾松、杉、樟、檫、栲、青山櫟、楓香以及竹類，此外有銀杏、水杉、珙桐、黃杉、杜仲、伯樂樹等60多種珍貴樹種。野生動物主要有華南虎、金錢豹、穿山甲、羚羊、白豚、花面狸等。

斑竹

斑竹是湖南特產，是一種極富觀賞價值的珍奇植物，產於君山，集中生長在斑竹山上。斑竹又名湘妃竹，是剛竹的變形，當地人還稱它為「奇怪竹」。斑竹上有雲紋紫色斑跡，宛如淚痕，若將斑竹移栽別處，第二年斑跡就會消失得無影無蹤，如果再將這株竹子移回君山，下一年又是斑痕累累的了。原來斑竹的生長與土壤、氣候條件密切相關，它們的花紋實質上是真菌腐蝕幼竹而

金錢松作為造林綠化樹種在中國各地廣為栽植。

成的。當竹竿剛脫去筍衣的
時候，它們渾身油光並沒有
斑點，隨著時間的增長，
到九月才開始漸漸長出斑
痕來。

金錢松

金錢松屬於松科，是中國
特有的單種屬植物，為國家
二級保護稀有植物。金錢松
為高大落葉喬木，可高達40
公尺。短枝上葉片20～30枚
簇生，呈金錢狀，因此得名
金錢松。金錢松在地質年代
的白堊紀時期曾經在亞洲、
歐洲、美洲都有分布，更新
紀的冰河時代各地的金錢松
都相繼滅絕，唯有中國長江
中下游殘留少數，現廣泛分
布於湖南、湖北和華東地區
海拔1500公尺以下的針葉林
和針闊混交林中。

白鱀豚細膩光滑的皮膚，在陽光下閃耀著亮光。

紅花木蓮花枝。

紅花木蓮

紅花木蓮屬於木蘭科，為
木蓮屬中比較原始的種類，
是國家三級保護瀕危物種，
為常綠喬木，高達30公尺，
胸徑40～60公分。樹皮灰
色，葉革質，倒披針形或長
圓狀橢圓形。花單生於枝
頂，花被9～12片，外輪黃
綠色，腹面帶紅色，內輪黃
白至淡紅色。紅花木蓮主要
分布於湖南、貴州、廣西、
雲南、西藏等省區，零星混
生於海拔900～1600公尺處
的樹林中。

白鱀豚

白鱀豚屬於喙豚科，是
中國特有的珍稀水生哺乳動
物，僅分布於中國長江中。
白鱀豚身體呈紡錘形，全身
皮膚裸露無毛，有長吻，上
下頜左右側各有30～34顆同
型犬齒。背鰭呈低三角形，
鰭肢和尾鰭均向水平方向平
展。體色背部為青灰色，腹
部為白色，頭頸部兩側、耳
孔後及鰭肢上方的區域內，
有一半圓形的白色寬紋。雌
性白鱀豚一般大於同齡雄性
個體，最大雌性個體體長為
253公分，體重237公斤；
最大雄性個體體長為216公
分，體重125公斤。

穿山甲

穿山甲屬哺乳綱，鱗甲目，穿山甲科，為中國二級重點保護動物。穿山甲體長約40～50公分，尾長約30公分，體重1.5～3公斤，生活在中國南方各省丘陵山區的森林、灌叢、荒山草坡之中。因身上長滿堅硬的角質鱗片，挖洞迅速，好似有「穿山之術」，所以得名穿山甲。牠喜歡白天在洞中休息，夜間外出覓食，多單獨活動，其聽覺和視覺較差，但嗅覺靈敏，以螞蟻、白蟻、蜜蜂等昆蟲為食。由於牙齒已經退化，主要靠胃中的砂石來幫助研磨食物。

華南虎

華南虎屬於哺乳綱食肉目貓科，為國家一級保護動物，主要分布於中國中南、華東、西南各省，但現在野生數量極少，1996年被國際自然保護聯盟列為極度瀕危的十大物種之一。華南虎體型比東北虎小，體長約145～180公分，雄性體重達150～225公斤，雌性體重90～120公斤。華南虎的體毛也比東北虎短，約4～5公分，顏色橘黃略近赤，背部較深，全身具黑色縱紋，色深而寬且較密。華南虎生活在森林、叢林和野草叢生的地方，特別喜歡在針、闊葉

華南虎兩眼上方有一塊顯著的白斑，故通常又被稱為「白額虎」。

混交林中棲息。由於沒有固定巢穴，華南虎的活動區域特別大，屬夜行性動物，晨昏活動最頻繁。華南虎善於游泳，但不善爬樹，捕食兇猛，喜歡單獨行動，視覺、聽覺極為發達，脊柱關節靈活，行走時爪能收縮，主要以偶蹄動物為食。

穿山甲動作遲緩，走起路來頭部左右搖晃，遇到危險時能快速行走。有時穿山甲還能用後肢和尾巴支撐地面，站立起來四處觀望。

📖 經濟

　　湖南省的工業有採掘、冶金、電力、機械、建材、輕紡、化工、電子和食品等門類，傳統工業產品有醴陵瓷器、長沙湘繡、瀏陽花炮、邵陽竹雕、益陽竹器等。農業在中國居於重要地位，舊有「湖廣熟，天下足」之說，盛產稻穀、棉花、苧麻、油菜子。淡水養殖和水產品捕撈業發達，素稱「魚米之鄉」。鐵路有京廣、枝柳兩線縱貫南北，湘桂線斜貫西南，湘黔線橫穿東西，並有京廣高鐵、滬昆高鐵通過，長沙、株洲、衡陽、懷化是重要的鐵路交通樞紐。全省水運航道10051公里，乘船經城陵磯，可達重慶、武漢、南京、上海。公路縱橫，里程之長，居江南首位。長沙黃花國際機場和張家界國際機場都是國內較大的機場之一。

農業

　　湖南是中國主要的農業生產基地之一，糧食作物在耕作業中居主導地位，產量大，用地多，分布廣，商品率高。全省耕地約3.3萬平方公里，約有4/5為糧食生產用地。主要種植水稻，其中雙季稻面積占水田總面積的3/4左右，稻穀產量占省內糧食總產量的93％，居中國首位。水稻分布遍及各縣，雙季稻多分布於濱湖和湘中丘陵盆地，其中濱湖區為中國著名產區。經濟作物以油菜、棉、麻、茶為主，油菜發展快，是中國油菜籽的主產區之一，主要分布於湘中和濱湖地區，多與稻、薯、棉等作物連作套種。湖南森林資源較豐富，森林覆蓋率55％左右，木材蓄積量3.79億立方公尺，以杉、松、楠竹為主。經濟林以油茶、油桐和果松為主，也是中國主產區之一。湖南還是中國的淡水漁區之一，主要經濟魚類有鯉、青、草、鰱、鱅、鯽等40餘種。畜牧業以養豬為主，全省每年有數百萬頭肉豬銷往國內外，是中國重要的商品肉豬基地之一。

當地農民正將剛製成的粉絲進行晾曬。

方便快捷的交通運輸有效促進了湖南經濟的飛速發展，推動湖南闊步走向世界。

工業

湖南礦產資源和農副產品豐富多樣，具有發展工業的優越條件，輕、重工業密切配合，布局逐步向南部和西部擴展。湖南為中國有色金屬工業的重要基地之一，銻、鉛、鋅和鎢的產量最多，已躍居中國前列，其次為錫、汞、金等。銻的生產主要集中在冷水江錫礦山，這是中國最大的銻產地，常供應世界用銻的70％左右，有「銻都」之稱。湖南為中國最大的鉛、鋅生產基地，株洲市是中國最大的鉛、鋅冶煉基地之一。機械製造業以礦山冶金機械、機車車輛修造和電機製造為主，衡陽市是中國南方礦山冶金機械製造的重要基地，株洲為中國南方的最大機車車輛製造中心，湘潭市為中國電機製造中心之一。岳陽、株洲、冷水江為全省三大氮肥生產中心，瀏陽、石門是磷肥產地。輕工業中的紡織、造紙和陶瓷比較發達，湘潭是江南紡織工業基地之一，岳陽、邵陽為全省兩大造紙工業中心，醴陵陶瓷馳名中外，為全省最大陶瓷工業中心。傳統工藝品生產方面，以長沙湘繡、瀏陽鞭炮和夏布、益陽涼席和竹器、邵陽竹雕等較為知名。

交通

湖南省內平均每百平方公里有1.38公里鐵路，是江南鐵路密度較大的省分。內河通航河流達110多條，里程約1萬公里，經過整修疏通河道，水深在1公尺以上的河道有2580公里。全省交通縱橫交錯，南北向的京廣鐵路與東西向的浙贛、湘黔、湘桂等鐵路在株洲、衡陽相交，構成東部與省外往

正在鋪設高壓線的工人。

來的陸路主幹。湘西南北向的枝柳鐵路與東西向的湘黔鐵路交會於懷化,成為西部陸路交通的「十」字形骨幹。2014年起開通京廣與昆滬高鐵,待長渝高鐵建成後,長沙至重慶僅需三小時。湘、資、沅、澧四水和洞庭湖是聯結長江和省內的重要航道,加上公路,形成水陸交通網,擔負過境與省內運輸。1980年代以來,全省客貨運量增長快,其中長途運輸以鐵路較快,次為水運,公路主要以短途客貨運輸增長顯著。交通運輸樞紐有長沙、株洲、衡陽、湘潭、懷化、邵陽、常德、岳陽等,長沙還是江南航空運輸來往的必經之地,有定期班機與北京及全國各地聯繫。

✈ 旅遊地理

湖北省境內河網水道密集,湖泊眾多,香溪河、下牢溪、洪湖、東湖、龍泉瀑布、吊水岩瀑布,清江三峽等都是名聞遐邇的水景,還有眾多的古泉、古井和地下溫泉。湖北東、西、北三面環山,奇峰峻嶺之中有名揚天下的道教勝地武當山和九宮山、神祕古奧的神農架、紅安的天台山、武漢的珞珈山、羅田的天堂山、當陽的玉泉山等。秭歸屈原故里、昭君故里、紀南故城、黃鶴樓、東坡赤壁、三國赤壁等歷史遺跡,也是旅遊勝地。

岳陽樓

岳陽樓位於岳陽老城西門城台上,樓下就是浩瀚的洞庭湖。它與武昌黃鶴樓、南昌滕王閣齊名,並稱江南三大名樓。岳陽樓始建於三國,為吳國魯肅的閱軍樓;唐開元四年(716)張說任岳州太守,修建南樓,與才士文人登樓吟詠;北宋慶曆五年(1045),知岳州軍州事的滕子京重修岳陽樓,請范仲淹撰〈岳陽樓記〉,從

登上岳陽樓憑欄遠眺,可飽覽洞庭湖「銜遠山,吞長江,浩浩湯湯」的景色。

南嶽衡山的自然景色極其秀美，巍巍群峰欲與青天比高。

此岳陽樓聲名鵲起。現存建築為清同治六年（1867）重建，主樓通高19.72公尺，三層三簷，純木結構。頂層為黃琉璃瓦盔頂，頂下有蜂窩斗拱，腰簷設平座，可憑欄遠眺。主樓於1983～1984年大修，樓內有清初書法家張照所書〈岳陽樓記〉的木雕屏和晚清書法家何紹基書刻的楹聯。主樓左側有「仙梅亭」，始建於明崇禎年間，當時有人在湖濱拾得一塊有枯梅花紋的石板，傳為仙人所畫，故名。右側有「三醉亭」，建於清代，根據呂洞賓三醉岳陽的傳說取名。主樓前有平台兩座，沿洞庭湖岸建有石欄。南北各有一門，分別額書「南極瀟湘」、「北通巫峽」。樓下洞庭湖邊有「懷甫亭」，為紀念大詩人杜甫而建。

九疑山

九疑山又名九嶷山或蒼梧山，位於寧遠縣城南30公里。傳說舜帝南巡時病死在蒼梧，葬於九疑。山有九峰，九峰的中心為舜源峰，娥皇、女英、桂林、杞林、石城、石樓、朱明、瀟韶八峰簇擁周圍，主要景點有舜廟、紫霞岩、玉岩、三分石。紫霞岩在舜源峰左側500公尺處，又名紫霞洞，岩石呈紫紅色，遠望如霞。岩分外、內兩層：外岩有數丈高的紫色岩頂；內岩為石鐘乳洞，洞內有唐代詩人元結書刻的「無為洞」三個篆字。三分石位於紫霞岩南面，北距寧遠縣城50公里。三分石又名三峰石，山上三峰並峙，相距為2.5公里，為九疑山最高峰，海拔1959公尺，據說舜帝就葬在這裡。三峰石上，清泉垂崖，如白練懸空，其中一條，為瀟水之源。

衡山

衡山為五嶽之一的南嶽，位於湖南省中部，南起衡陽市南回雁峰，北至長沙市西嶽麓山。衡山號稱有七十二峰，其中以祝融、天柱、芙蓉、紫蓋、石廩五峰最為高大。衡山以煙雲著稱，全年有250天雲霧瀰漫，雲海變幻，山峰浮隱。五嶽之中衡山綠化面積最大，森林覆蓋率達67％，處處古木參天，奇花異草，有「五嶽獨秀」之稱。六朝以來，南嶽就是宗教聖地，現存黃庭觀為晉代魏夫人修道處，水簾洞上的九真觀是唐代道士司馬承禎修行的遺址。方廣寺、福嚴寺、南台寺創建於南朝，唐高僧希遷在此創立了禪宗的南台宗。衡山在南宋時還一度成為理學的淵源，理學家胡安國、胡寅、胡宏曾隱居衡山，朱熹曾「監南嶽廟」。六朝的庾闡、范雲、唐代的李白、杜甫、韓愈、柳宗元，宋朝的黃庭堅、范成大等著名詩人都曾遊賞南嶽，留下詩篇3700多首，摩崖石刻375處。祝融峰之高，藏經殿之秀，方廣寺之深，水簾洞之奇，素稱南嶽「四絕」。

武陵源

武陵源位於湖南省西北部武陵山脈中，由張家界、天子山、索溪峪、楊家界等四個各具特色的風景區組成。

金鞭溪位於張家界國家森林公園內，享有「山水畫廊」的美譽，是武陵源最美的一條溪流和山水景觀最集中的一條溪谷。它因流經著名的金鞭岩而得名，全長7.5公里。

Travel Smart

娥皇女英

相傳娥皇、女英是堯的兩個女兒，舜的賢明聞名天下，堯便把兩個女兒同時嫁給舜為妻。舜勤於國事，日夜操勞，在南方巡狩時不幸染病。娥皇、女英聞訊趕來，到君山時得知舜已經逝於蒼梧之野，葬於江南九疑，她們便溯瀟水而上，沿大小紫荊河而下，四處尋找舜的墳墓。但由於九疑山九峰相似，沒能找到，姊妹二人痛哭不已，淚水沾在竹子上，留下斑斑淚痕，變成君山上的斑竹。最終娥皇、女英雙雙投湘水殉情，據說她們死後被天帝封為湘君，又稱瀟湘二妃，治理和守護著湘水流域。

武陵源方圓369平方公里，屬張家界市管轄。罕見的大峰林、壯觀的大峽谷、浩瀚的大森林、多姿的湖泉瀑、變幻莫測的雲霧和淳厚質樸的民族風情是這裡的特色。大峰林是由石英砂岩構成的峰林地貌，峰林高聳，峽谷深幽，奇形怪狀，千姿百態，岩柱多達3103座，有天門山、金鞭岩等丹霞景觀。武陵源氣候濕潤，雲霧多，經常出現流動的雲帶、雲煙，和壯闊的雲海、雲湖、雲濤、雲瀑等，景象非常壯觀。武陵源內溝谷遍布，溪澗縱橫，流泉、飛瀑、石潭、綠池隨處可見，素有「秀水八百」之稱。這裡的岩溶地貌發育也很好，鐘乳洞、落水洞、天窗等岩溶景觀遍布，既有黃龍洞、白羊洞等特大鐘乳洞，又有多達90多個鐘乳洞的虎穴洞群。

景區內還有神祕莫測的神堂灣，一年一發光的石峰、紅月亮等奇觀。武陵源是一座巨大的天然生物寶庫，森林覆蓋率達85%，植被覆蓋率則達99%。神堂灣、黑樅腦兩處，是至今仍人跡罕至的原始次生林區。景區有植物3000餘種、動物116種，有「自然博物館和天然植物園」之稱，1992年被列入《世界遺產名錄》。

猛峒河

猛峒河位於永順縣西部，河源在龍山縣猛必村，水從一岩洞流出。峒，通「洞」，古時又指少數民族聚居的鄉村，故名。猛峒河全長200公里，流經永順縣城南的不二門，在古鎮王村附近的下列夕鄉匯入酉水。景區總面積約500平方公里，是一個集山勢、水色、洞景和珍稀動植物於一地，匯古鎮風貌、民族風俗、山野情趣於一體的水道旅遊勝地。猛峒河上游河道狹窄，岩高壁陡，浪急灘險，最適合漂流；下游河道漸寬至80公尺，可乘船遊覽沿途的天門峽、百鳥峽、雞籠峽等峽谷景點。其中猴兒跳峽最為有趣，水面只有十幾公尺寬，兩岸崖壁高達百丈，遊艇需擦壁而過。崖壁深黑，不見天日，河谷光線暗淡，似斷不斷的崖壁疊嶂上岩松虬枝搭成樹橋，群猴攀跳其間。由此停船上岸，可觀賞沿岸的鐘乳洞瀑布，著名的有大龍洞、小龍洞、鴛鴦洞等鐘乳洞和哈尼宮瀑布、捏土瀑布等瀑布。沿岸有野生動物190餘種，樹木500餘種，人稱「張家界後花園」。

擁有2000多年歷史的王村古鎮現在已是猛洞河土家民俗風光帶的門戶，鎮上老街的房屋伴溪而建，從水邊隨地勢層疊迂迴。青瓦屋頂、馬頭牆，重重疊疊的吊腳樓群與鎮邊現代式樓房共存，橫糊了2000年的光陰

鳳凰古城

　　鳳凰古城位於湖南省吉首市南53公里處，至今保持著明清建築風貌，岩石板鋪成的街道縱橫交錯，古樸雅致。東嶺迎暉、南華疊翠、山寺晨鐘、龍潭漁火、奇峰挺秀、蘭徑樵歌、梵閣回濤、溪橋夜月等「八大景」造就了山城的靈氣和秀色。

　　沱江兩岸多飛簷翹角的吊腳樓，城內有文昌閣、天王廟、奇峰寺、大成殿、朝陽宮等100多處古建築。這座曾被紐西蘭作家路易艾黎稱作「中國最美麗的小城之一」的鳳凰古城，建於清康熙年間，分為新舊兩個城區。老城依山傍水，清淺的沱江穿城而過，紅色砂岩砌成的城牆佇立在岸邊，南華山襯著古老的城樓。城樓是清朝年間的，鏽跡斑斑的鐵門依然看得出當年威武的模樣。北城門下的河面上橫著一條窄窄的木橋，以石為墩，兩人對面都要側身而過，這裡曾是當年出城的唯一通道。

　　斜陽西下，橋邊岸畔不少婦女正在用木槌洗衣，啪啪聲隨著水波蕩漾開來，頑童在水中嬉戲，成為小城的一道風景。沈從文的故居位於古城內中營街的石板小巷深處，共兩進兩廂，頗像北京的小四合院，整個故居都是磚木結構，青瓦白牆，木格花窗。經風雨橋，過東城門，路上是行色匆匆挑擔的鄉民。老屋、挑擔的鄉民與紅傘，形成了一幅對比鮮明的圖畫。鳳凰古城就如一幅水墨丹青，從一筆筆的暈渲墨跡中可感受到它的魅力。老城、老街、小巷、河畔，需要用心去慢慢體味。

碧綠的江水，
從古老的城牆下蜿蜒而過，
河畔上的吊腳樓青煙裊裊。

古城水車

鳳凰古城民居

鳳凰古城老街

遠眺鳳凰古城

鳳凰古城

廣東

🌐 行政區劃

廣東省簡稱粵，因宋朝時其轄境屬於廣南東路而得名。位於中國大陸南部，毗鄰港澳，與福建省、江西省、湖南省、廣西壯族自治區接壤，南臨南海，西南端隔瓊州海峽與海南省相望。地處北緯20°19`～25°31`、東經109°45`～117°20`，北回歸線橫貫境內。大陸海岸線長3368.1公里，全省海島共有1431個，乾出礁956個，其中最大的海島是湛江市的東海島。全省陸地部分東西長，南北窄，面積約18萬平方公里，轄2個副省級城市、19個地級市、21個縣級市、36個縣、3個自治縣，省會廣州市。

廣州市

廣州市是廣東省省會，古稱「楚庭」。傳說古代曾經有五位仙人騎五色仙羊，帶著稻穗降臨「楚庭」，所以廣州又名羊城，簡稱為「穗」。位於省境中部，東連惠州市，西鄰佛山市，北靠韶關市，南臨東莞市、中山市，隔海與香港、澳門相望。面積7434.4平方公里，戶籍人口870萬，轄11區。在清朝「五口通商」前，廣州是中國最重要的對外貿易口岸，也是古代海上「絲綢之路」的起點之一，現在是中國南方交通樞紐和對外開放的門戶，是中國的「南大門」。廣州市地處珠江三角洲腹地，瀕臨南海，北回歸線從北郊太平場通過。地勢東北高西南低，東北部是山區，中部是丘陵、台地，南部是珠江三角洲沖積平原，珠江穿城而過。廣州自然條件優越，物產資源豐富，是全國果樹資源最豐富地區之一，有荔枝、香蕉、鳳梨等500多個品種。工業發達，產品豐富，農業以種植水稻、蔬菜為主，養殖淡水魚和家禽。廣州有華南地區最大的國際貿易港，還有四通八達的高速公路網、鐵路網連接全國各地。

深圳市

深圳市位於省境東南部，北與東莞市、惠州市接壤，南連香港新界，東毗大亞灣，西臨珠江口、伶仃洋。海岸線曲折蜿蜒，總長257

公里。面積2020平方公里，戶籍人口384萬，轄8區和光明、大鵬2個市轄功能區。深圳初為寶安縣，1979年建深圳市，1980年成為經濟特區。深圳東西長49公里，南北寬平均7公里，呈狹長形，地勢東北高、西南低，單向傾斜入海，多為低山丘陵台地，僅珠江口和濱海地區有小塊平原。農業開始向商品生產和現代化農業轉化，建立了蔬菜、水果、牛奶、家禽等農副產品生產基地，捕魚以淺海作業為主。目前，深圳已建設成為一個高樓林立，工商、農牧、住宅、旅遊等綜合發展的新興現代化城市。廣九鐵路縱貫市境，直抵九龍，高鐵可達全國各大城市，海運和公路運輸也較方便。

珠海市

珠海市是珠海經濟特區所在地，也是中國著名的現代海濱旅遊城市，位於珠江三角洲西南角，珠江口西側，東臨伶仃洋，南端毗鄰澳門，距廣州市140公里。人口170萬，民族中漢族最多，另有壯、瑤、土家、回、滿等28個少數民族。面積1724平方公里，轄香洲區、斗門區和金灣區，1980年在市境內設立珠海經濟特區。市境三面臨海，港灣眾多，境內地形分散複雜，兼有低丘、孤山、平原、灘塗和紅樹林海岸。工業主要有電子、機械、紡織、輕工、化學、塑膠、玻陶、醫藥及醫療器械、建築材料等門類以及電力行業。農產品有稻穀、甘蔗、蔬菜、鮮花，以及荔枝、鳳梨、香蕉、大蕉、柑橘等水果；水產資源豐富，品種繁多，有著名的「萬山漁場」。境內有珠海機場、珠海深水港、珠海高鐵站，並有廣珠公路、廣珠鐵路和連接香港的伶仃洋大橋等。

陽光充足、海風陣陣的珠海別墅區。

👤 人口、民族

　　廣東省人口1.1億（2016年），平均密度每平方公里612人，潮汕地區每平方公里超過1000人。廣東省有53個少數民族，人口占全省總數的1.49%，主要有壯、瑤、畬、回、滿族等。廣東是著名僑鄉，海外華僑、華人有2200萬人，歸僑、僑眷2000萬人。全省僑鄉集中於：珠江三角洲的四邑（台山、新會、開平、恩平）、中山、東莞、寶安等地；潮汕平原；粵東北的梅縣、大埔、蕉嶺、豐順等縣。

客家

　　「客家」並不是一個少數民族，而是漢民族的一個支系。2000多年來，中原地區的漢人因逃避戰亂、饑荒、迫害或因政府遷調而大量南遷，相對於遷入地區的原居民而言，他們是客，因而稱為「客家人」。近一兩個世紀，客家人向海外的遷移逐漸增多，在其遷移歷史中，廣東梅州是最主要的集散中心。客家人保留著許多古代中原漢族的傳統習俗、宗教信仰，客家話也保留有許多古漢語的特點。在南遷和開發中國南方山區的過程中，客家人形成了刻苦勤儉、開拓進取、重教崇文、念祖思親等客家精神。

圍龍屋是客家人創造的一種民居形式，不僅以其獨特的造型引人注目，而且它的防禦性、舒適性也值得稱道。圍龍屋住起來很舒適，屋內較為寬敞，極易得到涼爽的穿堂風，透過高高的門洞還可以看見外面的池塘、田野和房前屋後的菜園與果樹。

🏛 歷史文化

早在10萬年前，就有「曲江馬壩人」在珠江流域活動生息。先秦時期廣東為百越民族的居住地，秦始皇統一中國後，在今廣東境內設置南海郡，從此劃歸中央政府的統一領導。出於外交和財政的需要，廣東一直是中國經由海路進行對外文化、經濟交流的重要地區，因此比起其他地區，廣東文化更具有廣泛的包容性。由於歷史原因，廣東開發較晚，宋代以後才開始大規模開發，但到了明代便後來居上。在清朝末年，廣東更成為中國反帝國主義、反封建主義的主要革命策源地，近代史上許多重大歷史事件都發生在這裡。

六祖創南宗

六祖慧能是嶺南新州（今廣東新興）人，相傳他因聽人讀金剛經而有所感悟，決心為法尋師，投入禪宗五世祖弘忍門下，做一個舂米行者帶髮修行。一天弘忍想選一個徒弟繼承他的衣缽，便讓大家各做一個偈，其弟子神秀做的是：「身是菩提樹，心如明鏡台。時時勤拂拭，莫使惹塵埃。」大家看後都大加讚賞，爭相傳誦。慧能聽到後不以為然，因為不識字，就請人代筆在神秀的偈旁另寫一個：「菩提本無樹，明鏡亦非台。本來無一物，何處惹塵埃？」弘忍看後驚喜萬分，認為慧能已經深悟佛法，決定將衣缽傳給他。由於慧能在寺中的地位卑下，得了祖傳衣缽就會有人來謀害他，所以弘忍讓他盡速返回原籍，在他離開三天後，弘忍才向大家宣布禪宗繼承人已經到南方

去了。慧能為躲避別人的劫殺，在山中隱居16年，後來他到廣州法性寺（現在的光孝寺）正式剃度出家，開創了南派禪宗，主張「頓悟」，與神秀創立的主張「漸悟」的北派禪宗對立。

慧能肉身像。

南華禪寺始建於南朝梁天監三年（504），原名為寶林寺，宋初改為現名。唐初六祖慧能曾來此住持，該寺因此被稱為禪宗「祖庭」。

海上絲綢之路

早在新石器晚期，嶺南的百越民族與東南亞及太平洋島國就有海上貿易往來。到了秦漢時期，廣州就已經成為中國海上絲綢之路的主要起始港口。與以長安（今西安）為起始點的陸上絲綢之路相比，海上運輸有運費低廉、方便快捷、不受地區變亂和封鎖影響的優勢。隨著中國造船工業的發達和航海技術的提高，從廣州起始的絲綢之路不斷向西方延伸，在秦漢時期就已到達印度半島南端，南北朝時期能通往西亞，隋唐時期已經能夠直達東非沿岸。中國的絲綢、陶瓷、茶葉等商品，火藥、印刷術、指南針等發明，以及哲學思想都沿著海上絲綢之路傳往西方。國外的玉米、番茄、鳳梨、水仙、甘蔗、菸草等物種，印度、阿拉伯和歐洲的宗教、自然科學、藝術等也源源不斷地沿著海上絲綢之路輸入到中國。在7～8世紀，廣州成為世界貿易的中心城市，形成了以它為中心的世界貿易圈，範圍遍及東亞、南亞、西亞、阿拉伯地區和非洲地區，甚至包括歐洲各國。

冼夫人

冼夫人是南朝、隋初高涼（今廣東陽江）人，出身於嶺南俚族首領世家，從青年時代起就是一個卓越不凡的領袖人物。南朝梁大寶元年（550），冼夫人支持陳霸先起兵討伐，平定了侯景之亂。經由她的建議，梁朝在海南島俚人地區重新恢復郡縣制度，加強中原地區與海南島的聯繫。陳朝建立後，冼夫人又支持陳朝消滅以歐陽紇為首的割據嶺南地區的豪強勢力，之後她還革除了俚族相互攻掠的惡習。隋開皇九年（589），隋文帝進軍嶺南，遭到陳朝舊臣和部分少數民族的抵抗，冼夫人獲悉後立即派她的孫子前往迎接隋軍，完成嶺南地區的統一，冼夫人也因此受封為譙國夫人。在她去世後，她的孫子受其影響也沒有稱王割據，且主動歸附唐朝，為唐朝統一嶺南地區做出巨大貢獻。

孫中山

孫中山（1866～1925），廣東香山（今中山市）人，原名孫文，字逸仙。他出生於一個普通的農民家庭，12歲時到檀香山留學，17歲回國，1886～1892年先後在廣州、香港學醫，畢業後在澳門、廣州行醫，並致力於救國的政治活動。1894年他創立興中會，提出「驅除韃虜，恢復中國，創立合眾政府」的主張。他組織了廣東惠州三洲田起義，失敗後繼續在國外組織革命活動。1905年他在東京成立中國同盟會，被大家推舉為總理，確定了「驅除韃虜，恢復中華，建立民國，平均地權」的政治綱領。1911年10月10日革命黨人在武昌發動起義，得到各省回應，十七省代表聯合推舉孫中山為

中山紀念館位於廣州市越秀山南麓，是廣州人民和海外華僑為紀念偉大的民主革命家孫中山而建立的。紀念堂為八角形宮殿建築，堂內沒有柱子阻礙視線，也沒有聲音反射，音響效果非常好。

孫中山像。

中華民國臨時大總統。1912年元旦,孫中山在南京宣誓就職,創立了中國歷史上第一個共和政體。1925年3月12日,孫中山因肝癌醫治無效,逝世於北京。

🏔 地貌

廣東省地勢北高南低,橫亘省境北部的南嶺是珠江與長江水系的分水嶺。與湖南接壤的石坑崆,海拔1902公尺,是廣東省最高峰。山脈多為東北─西南走向,丘陵分布於山前地帶,形態常與山地一致。台地主要分布在雷州半島、海陸豐及惠來西部一帶,海拔在100公尺以下。平原主要分布於南部江河下游和入海處,珠江三角洲為全省最大的平原,以珠江口至獅子洋為界,可將珠江三角洲分為西江、北江三角洲和東江三角洲兩部分。

雷州半島

雷州半島是中國三大半島之一,因多雷暴而得名,地處廣東省西南部,介於南海和北部灣之間,南隔瓊州海峽與海南島相望。半島南北長約140公里,東西寬約60～70公里,面積7800多平方公里。半島地形單一,起伏和緩,以台地為主,其次為海積平原,地面坡度一般僅3～5公尺。半島北部呈和緩的坡塘地形,海拔25～50公尺。遂溪、城月、湖光岩一帶為玄武岩台地,海拔45～55公尺,台地上有螺崗嶺、交椅嶺和湖光岩等7座火山丘。半島南部玄武岩台地非常平坦,分布有10座火山丘,一般海拔25～80公尺,高者達200公尺以上。半島三面環海,岸線長約1180公里,連海島岸線總長達1450公里。東海岸沿海有海成平原,外緣多沙泥灘,並有東海、南三和硇洲等島嶼,

東海島有海堤與大陸相連。西海岸具有高岸特徵,多砂堤、潟湖分布。半島南部海岸港灣眾多,有紅樹林和珊瑚灘。雷州灣、英羅灣、流沙灣等灘塗廣闊。

珠江三角洲經濟濟發達,人口稠密。

珠江三角洲

珠江三角洲是中國第二大三角洲，居亞洲第6位，世界第15位。它是由西江、北江、東江及潭江、綏江、流溪河、增江等在珠江河口灣內堆積而成的複合三角洲，也是華南最大的平原，位於中國南海北岸，廣東省中部珠江河口，介於北緯22°～23.5°，北回歸線恰好經過其北部。狹義的珠江三角洲北起西、北二江匯合點的舊三水（現稱河口），東抵東江下游的石龍鎮，南達崖門口外。廣義的範圍西起高要羚羊峽東口及潭江司前；北起北江黃塘、寶月，流溪河廣州、石碣，綏江黃岡；東迄東江圍洲，增江沙塘。包括高要以東、石角以南的三水盆地，圍洲以下的東江下游平原。珠江三角洲河網交錯，越往下游，河網越密。西北江三角洲主要水道近百條，總長1600公里；東江三角洲主要水道5條，總長138公里。珠江三角洲的主要出口有8處，「三江匯合，八口分流」是此區水系的重要特色。

丹霞地貌

丹霞地貌是發育於白堊紀至第三紀厚層紅色砂礫岩中的各種方山、峰林和崖壁地形的總稱，因為廣東仁化的丹霞山最為典型而定名為丹霞地貌。丹霞地貌在廣東主要分布於坪石金雞嶺、南雄蒼山、龍川霍山、平遠南台山和五指石等地。丹霞地貌種類繁多，主要有方山、石嶺、石峰、石蛋、陡崖、壁洞和巷谷七類。方山是一種頂部平齊、四壁陡峭的塊狀山地，形如城堡和山寨，如坪石的「萬古金城」、仁化的「平頭寨」。石嶺是直立的長形山地，如坪石的「一字峰」、仁化的「十八羅漢」和「朝天龍」。石峰為挺立的孤峰，由方山或石嶺破碎而成，如仁化的「姊妹峰」。石峰再縮小則成石柱

丹霞山以其險、奇、秀、古的風貌與羅浮山、西樵山、鼎湖山並稱為廣東四大名山。

丹霞山日出。

和石蛋，如丹霞山的「蠟燭峰」和坪石金雞嶺上的「金雞石」。陡崖是流水沿紅色岩層的垂直節理下切、溶蝕和崩塌而成，高數十公尺至百公尺以上，上部直立，下部由崩石堆成緩坡，崖壁上可見溶蝕的溶痕及淺溝。壁洞是陡崖上由於差異侵蝕而成的寬淺洞穴，如丹霞山的「錦岩」。巷谷存在於方山、石峰、石嶺之間的深窄而等寬的谷地，它有直立的谷坡和平坦的谷底，常有「一線天」之稱。丹霞地貌區奇峰林立、景色瑰麗，具豐富的旅遊資源；而且，沿垂直節理崩塌的陡崖使巨厚的紅色砂、礫岩層暴露無遺，對研究和恢復紅色盆地的古地理環境具重要意義。

🐟 水系

廣東省共有大小河流1343條，總長2.5萬多公里。主要河流有珠江、韓江、鑒江、漠陽江等，具有流量大、含沙量小、汛期長、終年不凍和水力資源豐富的特點。珠江是中國南方大河，廣東最大水系，為中國第三大河；韓江為本省第二大河。全省地表徑流總量為1953億立方公尺，而水資源總量則在全國各省中居第二位。廣東瀕臨的南海是位於熱帶季風區封閉性較大的海盆，表層水溫高，蒸發量大，含鹽度較大，邊海潮汐現象極為複雜。

珠江

珠江原指從廣州到東江口的河段，因為河中有海珠島而得名。習慣所稱珠江流域是指西江、北江、東江及珠江三角洲廣大流域，跨越滇、黔、粵、桂、贛和湘等省區，位於北緯21°31ˋ～26°29ˋ、東經102°15ˋ～115°53ˋ，由東、北、西三大江匯流而成。流域呈扇狀輻合，但各水系則呈樹枝狀分布。其主要幹支流總長約1.1萬公里，流域總面積45.26萬平方公里，主幹西江源於雲南沾益縣馬雄山，全長約2210公里。北江主源稱滇水，源於江西省信豐縣西溪灣，幹流全長468公里，流域面積約4.6萬平方公里。北江中游切過盲仔峽和飛來峽，經三水後流入三角洲河網區，

與西江河道交錯，注入南海。東江源於江西省尋烏縣大竹嶺，稱尋烏水，與定南水相會後稱東江，流經廣東東部，到石龍後分流，形成東江三角洲，後分為北幹流和南支流兩大河，同注入獅子洋，經虎門出海。西、北江在思賢溝通後形成河網交錯的西北江三角洲，分經八個口門出海，自東而西分別為：虎門、樵門、洪奇瀝、橫門、磨刀門、雞啼門、虎跳門和崖門。

🌧 氣候

　　廣東省深受季風和海洋暖濕氣流影響，北、南分屬亞熱帶和熱帶季風氣候，是中國光、熱、水資源特別豐富的地區。省境年太陽總輻射量達422～563千焦耳／平方公分，日照時數長達1700～2200小時，但南北相差幾近一倍。年均溫除粵西北的連山外，均在19℃以上。溫度的緯向分布較明顯，大致北低南高。廣東是中國降水豐沛的地區之一，大部分地區年降水量1500～2000公釐，但分布不均，地區間和逐年間差異很大。廣東是中國受颱風侵襲最頻繁的省分，影響省境的颱風年均約10次，但登陸的颱風年均僅4～5次，以7月～9月居多。

珠江流域城市發展很快,主要城市有廣州、深圳、珠海、佛山、番禺、東莞等,目前已形成以廣州為中心的珠江三角洲城市群。

颱風

颱風是影響廣東的主要氣象災害，它是發生在太平洋西部熱帶海洋上做猛烈旋轉的熱帶氣旋。由於受地球自轉力的影響，北半球的熱帶氣旋作逆時針方向旋轉，南半球的熱帶氣旋作順時針方向旋轉。強烈的熱帶氣旋通常伴有狂風暴雨，掀起巨浪，引發風暴潮。中國把每年在東經180°以西、赤道以北的西北太平洋和南海面上出現的、中心附近最大風力8級以上的各種熱帶氣旋統稱為「颱風」。5月～10月是廣東的颱風季節，其中盛夏的7、8、9三個月是颱風活動的盛期，汕頭至珠江口、雷州半島東岸是颱風登陸的主要地區。初夏，影響和侵襲廣東的颱風多數來自南海，盛夏季節多數來自太平洋，但8月分來自南海的颱風相對增多。

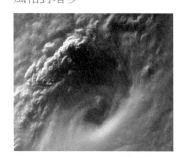

在颱風中心平均直徑約為40公里的圓面積內，通常稱為颱風眼。由於颱風眼周邊的空氣旋轉得太厲害，在離心力的作用下，外面的空氣不易進入到颱風的中心區內，因此颱風眼區的空氣幾乎是不旋轉的，風力很微弱。

🌳 自然資源

廣東省內植物超過5000種，多數為熱帶科屬。重要的野生植物有1000餘種，其中古老植物有30餘種，如水松、蘇鐵、樹蕨等，被稱為廣東的「活化石」。北部南嶺地區植物種類總數超過中國中部和北部植物種類的總和，有「綠色寶庫」之稱。珠江口沿海的灘塗還生長有成片的紅樹林。廣東是中國動物最繁盛的省分之一，野生動物有700多種，珍稀動物則有蘇門羚、華南虎等。南海淡水面積2730多平方公里，約有魚類860多種。廣東礦產資源中已探明儲量的有85種，其中有色金屬居多，石油和天然氣資源也很豐富。

增城掛綠荔枝

廣東增城掛綠荔枝的特點是肉厚汁多，營養豐富，果肉晶瑩，清甜爽口，具有特殊的香味。這種荔枝剝殼後放在吸水紙上，汁不外溢紙不濕。荔枝殼紅中帶綠，有「四分微綠六分紅」的說法，與一般荔枝最明顯的不同是，它的每個荔枝果都有一條綠色的「絲帶」纏繞。相傳八仙之一的何仙姑是唐朝時廣州增城人，她在荔枝樹下繡花時，曾將翠綠綢帶掛在荔枝樹上，樹沾仙氣，枝榮葉茂，所結的果實就有一條綠絲纏繞其間，所以叫「掛綠」。增城荔枝鎮掛綠園有一株掛綠荔枝樹，是增城荔枝的老祖宗，樹高5公尺多，樹齡400多年，所結的果實各個價值不菲。

觀光木

觀光木是國家二級保護植物，屬於常綠喬木，分布於廣東、雲南、貴州、廣西、湖南、福建和海南等熱帶、亞熱帶南部地區的海拔400～1000公尺處的常綠闊葉林中。樹高達30公尺，胸徑達2公尺，樹皮灰褐色，具有深皺紋。葉互生，橢圓形，長7～17公分，上面中脈凹，有柔毛，下面有黃棕色糙毛。花單生葉腋，芳香，

觀光木。

南方紅豆杉果實成熟時紅果滿枝，豔麗誘人。

淡黃白色，具有紅色斑點。花瓣9～10片，狹倒卵狀橢圓形，外輪較大，長17～20公釐，向內較小。聚合果長橢圓形，長10～14公分，直徑8～9公分，成熟時為暗紫色，有黃色皮孔。

南方紅豆杉

南方紅豆杉屬紅豆杉科，為常綠喬木，零星分布於華東、華南、華中、華西南地區，多生長於海拔1200公尺以下山地。葉排成兩列，條形，常呈鐮刀狀，較大。皮為紅褐色，心為淡紅褐色，邊材窄面為黃白色，富彈性，少割裂，不反張，可作建築及家具用材；芯材的色素可提取利用。

金錢豹

金錢豹是國家一級保護動物，主要分布於廣東山地森林地區，體型與虎相似，但略小。體重50公斤左右，體長在1公尺以上，尾長超過體長的一半，頭圓、耳短、四肢強健有力，爪銳利伸縮性強。金錢豹的體能極好，視覺和嗅覺靈敏異常，性情機警，會游泳又善於爬樹。

豹全身顏色鮮亮，毛色棕黃，遍布黑色斑點和環紋，形成古錢狀斑紋而得名「金錢豹」。

海馬

海馬屬硬骨魚綱，海龍魚科，海馬亞科的一屬，因頭部與馬相像而得名，多數種類分布在南方的廣東、福建等省，少數種類分布在北方。海馬為熱帶及溫暖帶海洋魚類，棲息於近海內灣水質清澈、藻類繁茂的低潮區，體色能夠隨環境而改

金錢豹是食性廣泛、膽大兇猛的食肉動物，牠們的棲息環境多種多樣，具有隱蔽性強的固定巢穴。

海馬。

變。頭和身體成一直角，包在骨質板內，有一條逐漸變細的尾巴。行動緩慢，有時做直立游泳，以浮游甲殼類為食。

眼鏡蛇

眼鏡蛇屬爬行動物，又名膨頸蛇，在中國主要分布於廣東、廣西、福建等地。頸部腹面有一道較寬的灰黑色橫紋，有的個體體色為灰黑，或為灰黃色，橫紋明顯或隱約可見。眼鏡蛇多獨居，晝夜均有活動，在冬季冬眠。眼鏡蛇性情兇猛，遇到異常情況時，昂起身體前部，頸部兩側膨脹，同時背部的眼鏡圈紋愈加明顯，發

出「呼呼」聲，以此來恐嚇敵人，有時還會噴射出多達250毫克的毒液。以魚、蛙、鼠、鳥及鳥卵等為食，繁殖期6～8個月，每次產10～18枚卵，自然孵化，孵化期約50天。

眼鏡蛇。

水鹿

水鹿是國家二級保護動物，產於中南和西南地區，為熱帶、亞熱帶地區體型最大的鹿類，身長140～260公分，肩高120～140公分，體重100～200公斤。雄鹿長著粗長的三叉角，最長者可達1公尺，毛色呈淺棕色或黑褐色，雌鹿略帶紅色。從額至尾沿背脊有一條深棕色背紋，臀周毛呈鏽棕色，頸具深褐色鬃毛，體側栗棕色，尾毛黑色。水鹿喜歡在水邊覓食，也常到水中浸泡，善游泳，所以叫「水鹿」。牠們有群居的習性，一般棲息於海拔3000公尺以下的熱帶、亞熱帶闊葉密林或針闊混交林中，活動範圍較大，沒有固定的棲息處。牠們晝伏夜出，白天隱蔽在濃密覆蓋物中，黃昏開始活動，以青草、樹皮、竹筍、嫩葉為主食。繁殖季節不固定，孕期約8個月，每胎1仔，幼鹿身上有白斑。

🏛 經濟

廣東省是商品性農業發展較早、輕工業基礎較好、商業較繁榮的省分。1979年以來，深圳、珠海、汕頭設立了經濟特區，廣州、湛江和珠江三角洲被列為開放城市或地區，工農業生產發展速度高於全國平均增長水準。工業主要有食品、家用電器、塑膠製品、服裝、捲菸、陶瓷、紡織、絲綢、機械、電子、電力、煤炭、石油、造船、汽車、化工、醫藥、建材、冶金等，電子工業的門類及產值居全國前列。農業向外向型發展，是全國的水稻、蔬菜和水果生產基地。廣東省交通發達，已構成以廣州為中心的交通運輸網，有港口100多個，民航機場8個，有京九、京廣、廣梅汕、三茂等鐵路幹線，高鐵和公路四通八達，等級較高，橋梁眾多。

農業

廣東的耕作業以糧食、經濟作物和熱帶作物生產並重，在全省約3.03萬平方公里耕地中，水田和旱田約占3/4。糧食生產以水稻為主，一年二熟，南部可三熟，是全國重要的雙季稻種植區。水稻種植遍及全省，珠江三角洲、潮汕平原是主要高產穩產區。經濟作物以甘蔗、花生、蠶桑、黃紅麻、水果為主，廣東是中國最大的商品化甘蔗產區，也是中國以橡膠生產為主的熱帶作物重要生產基地之一，主要出產橡膠、劍麻、香茅和胡椒等。熱帶和亞熱帶水果達400多種，經濟栽培水果有40多

水鹿角在鹿類中算是較長的，一般長達70公分～80公分，粗達17公分～18公分，最長紀錄是125公分。

汕尾的水產養殖業近年來進入了高速發展期。

基塘農業生態系統

珠江三角洲的基塘農業富有特色，高效地利用自然資源，形成農、牧、副、漁相結合且相互作用的良性循環人工生態系統。適應珠江三角洲熱帶季風氣候光熱、雨量資源豐富的特點，農民築堤取土挖坑修魚塘。池塘養魚，塘泥培基肥地，基上種植作物，從事養殖業。基塘始於14世紀中後期（元末明初），早期以果基為主，17世紀盛行桑基，種桑養蠶。蠶沙做魚餌，蠶繭繅絲。20世紀又改為蔗基，現部分改為菜基、花基，不斷適應市場需求，成為紡織、製糖工業和外貿產品基地。如今該生態系統已被聯合國糧農組織推廣到北歐和南美的一些低漥地區。

種，四季不絕，素有「水果王國」之稱，柑橘、香蕉、鳳梨、荔枝為四大名果，有「嶺南佳果」的美譽。經濟林主要是竹，其次為油茶、油桐、板栗和紫膠，重要山林特產有松香、香菇、藥材和筍乾。畜牧業以養豬和養雞、鴨、鵝等家禽為主，漁業生產基礎好，海洋捕撈和淡水養殖並重，珠江三角洲為全國著名淡水漁業基地。

工業

廣東省的輕工業歷史悠久，門類齊全，主要有製糖、造紙、製鹽、罐頭、自行車、鐘錶、服裝和製茶等部門。甘蔗製糖業是最重要的輕工業部門，水果食品罐頭是本地罐頭工業的特色，產量在全國占絕對優勢。絲、棉紡織工業集中在廣州、佛山、汕頭等市，麻紡織工業集中於廣州。廣州還擁有中國設備最好、規模最大的新聞紙廠。廣東手工業歷史悠久，「京廣雜貨」久負盛名，著名傳統產品有石灣陶瓷，汕頭抽紗，潮繡，新會葵扇，東莞煙花和爆竹，廣州牙雕、玉雕、肇慶端硯等。石油化工是廣東經濟發展中的重要工業部門，茂名、廣州是主要的石油化工和煉油中心。廣州、湛江為廣東省造船工業中心，其造船廠可生產萬噸輪和中型內河輪船，是中國南方最大

的造船中心。廣州又是全國輕工機械設備的製造中心，製糖機械生產居全國首位。另外，家電和資訊產業作為廣東新興的工業部門，在經濟發展中異軍突起，占有重要的地位。

交通

廣東全省3/4的市鎮可依賴內河航道與海洋溝通，內河通航里程達1萬多公里。珠江支流西江為聯繫廣東、廣西的交通動脈，廣州、湛江、汕頭是海運中心和對外貿易港口，黃埔、湛江、赤灣、蛇口、鹽田、澳頭、水東、新沙等港口均建有萬噸級碼頭。以廣州為中心的公路幹線有六條，共長8000多公里。105國道、107國道南

北縱貫，與公路幹線一起溝通了省內各地和鄰近的閩、桂、湘、贛的聯繫。2009年起，武廣、京廣、廣深港等高鐵相繼開通，加上正在建設中的多條線路，廣東將全面進入高鐵時代。黎湛鐵路是溝通粵桂和西南地區的要道，廣九鐵路是廣州和香港間的重要交通線，廣茂線橫貫粵西，京九線也是廣東省重要的交通幹線。航空運輸以廣州為中心，與北京、上海、南京等大中城市及省內的汕頭、湛江、珠海等地均有航班通航。廣州白雲機場是中國三大機場之一，此外還有現代化的深圳機場。

大批香蕉經由水路運往省內外。

超級油輪透過單點繫泊接卸石油系統，可以安全、節能地把船艙中的石油送往陸地並轉輸煉油廠。

✈ 旅遊地理

　　廣東省地貌形態複雜，丹霞山為典型的丹霞地貌，肇慶七星岩為岩溶地貌，西樵山為熔岩地貌，汕頭還有海蝕地貌，鬼斧神工，各具奇形。北回歸線貫穿省境，亞熱帶風光迷人，鼎湖山自然保護區更是回歸線上世界唯一的亞熱帶植物寶庫。廣東還有眾多的溫泉、瀑布和川峽險灘。富饒的珠江三角洲、漫長的海岸線擁有歷史文化名城廣州、潮州、肇慶、梅州，和明代四大名鎮之一的佛山。古蹟有南華寺、元山寺和嶺南四大名園等，從鴉片戰爭起，歷次革命中的名人故居、重要遺址等不勝枚舉。

開平碉樓

　　開平碉樓是開平市一帶特有的鄉土建築群體，最多時達3000多座，現存1800多座。這些碉樓集居住與防衛功能於一體，融中西建築藝術於一身，是一道獨具特色的歷史文化景觀，被譽為「令人震撼的建築藝術長廊」，堪稱「世界一絕」。

斑石

　　斑石又名嵐岡山，坐落於封開縣的杏花鎮斑石村，由燕山第二期中粒花崗岩組

成，相對高度為191.3公尺，長1350公尺，橫斷面寬600公尺，整個石塊占地面積0.8平方公里，是亞洲最大的巨石，僅次於澳洲巨石，列世界第二位。斑石十分雄偉龐大，是一石成山的奇觀，形成於2億多萬年前的中生代，經過億萬年日曬雨淋仍完整無縫，表層無風化。大自然的造化使石塊西坡光禿陡峭，東坡及頂巔有土層覆蓋，松木蒼翠，芳草蔥綠。

暴雨之後，由石巔漂瀉而下的無數條流水，使石面呈現出斑爛五彩，景象更為壯觀。傳說斑石是天龍吐下的寶珠，玉皇大帝專門派麒麟白馬來守護，直到現在麒麟山和白馬山還一前一後地保護著斑石山。斑石山上有歌仙台，據說是歌仙劉三妹（廣西稱劉三姐）為鼓勵老百姓戰勝旱魔而唱歌的地方。

肇慶星湖

　　肇慶星湖風景區包括七星岩、鼎湖山兩大景區。七星岩景區由散落在廣闊湖區的七岩、八洞、五湖、六崗組成，以山奇水秀、湖山相映、洞穴幽奇著稱，景區內七座挺拔秀麗的石灰岩山峰羅列如北斗七星，故名七星岩。五湖為東湖和青蓮、中心、紅蓮、波海等湖，總稱星湖。石室岩早在幾百年前就以風景幽奇而聞名全國，

開平市塘口鎮自力村的碉樓群。

鼎湖山有「北回歸線上的綠寶石」之稱。

為七星岩景區名勝古蹟較集中的地方。岩頂名嵩台，相傳是天帝宴請百神的地方。岩下有一個特大的石室洞，洞口高僅2公尺餘，洞內穹隆寬廣，頂高達30公尺左右，石乳、石柱、石幔遍布其間。洞內摩崖石刻林立，共有270餘處，上自唐宋下至明清，多出自名家之手，有「千年詩廊」之稱。鼎湖山因山頂有湖，起名頂湖山，相傳黃帝在此鑄鼎，又名鼎湖山。受大氣環流下沉氣流的影響，世界整個回歸線附近幾乎全是沙漠或乾旱草原，而緯度相當的鼎湖山景區卻是一片生機盎然，被列入世界自然保護區。

虎門砲台

虎門砲台又稱虎頭門砲台，位於珠江流經獅子洋出伶仃洋的口門，因口門內有大小虎山，形似兩隻下山猛虎雄踞江面而得名。虎門位於珠江出海水道咽喉，南通大海，北抵廣州黃埔港，是廣州的出海門戶，歷代兵家固守之地，林則徐、關天培在此共布局修築砲台11座，設置大砲300多門。威遠砲台築在南山砲台前的岩石中，與鎮遠、靖遠兩砲台呈品字形。砲台間繫有鐵鏈、木椿、排鏈，沒於水中，組成堅固陣地，阻擋外來船隻的入侵，被譽為「金鎖銅關」。敵船來到這裡，進則為排鏈所阻，退則為風向水流所礙，而諸砲台火力交織，控制洋面，使敵船成為甕中之鱉。當年，英軍入侵，駐守虎門要塞的廣東水師提督關天培率部就在此處抗擊侵略者。位於虎門東南面的沙角砲台遺存有3000公斤古砲一門，是道光十五年（1835）佛山鑄造的。

肇慶星湖兼有「桂林之山」和「西湖之水」之稱，既秀麗又雄壯。七星岩陡立峻峭，奇秀多姿；星湖水面開闊，湖堤蜿蜒交錯，綠柳成蔭。

光孝寺

光孝寺坐落於廣州市海珠北路和淨慧路之間，是廣州市四大叢林（光孝、六榕、海幢、華林寺）之一，占地約3萬平方公尺，為嶺南佛教叢林之冠。大雄寶殿是光孝寺最主要的建築，構築在高高的台基上，鐘、鼓二樓分建在大殿左右。殿內供三尊大佛像，中為釋迦牟尼，左

虎門砲台舊址的克魯伯砲。

光孝寺大雄寶殿內的釋迦牟尼和普賢菩薩像金光煥彩，法相莊嚴。

右分別是文殊和普賢菩薩，三尊佛像合稱為「華嚴三聖」。埋葬六祖慧能頭髮的瘞髮塔建於唐儀鳳元年（676），高7.8公尺，呈八角形，共七層，每層有8個神龕。大悲幢建於唐寶曆二年（826），寶蓋狀如蘑菇，以青石造成，高2.19公尺，幢身八面刻有「大悲咒」。東西鐵塔是中國現存最古老的兩座鐵塔。雙塔均建於五代，其中的東塔呈四方形，共七層，塔高7.69公尺，塔基為石刻須彌座。塔身上鑄有900餘個佛龕，每龕都有小佛像，工藝精湛，初建時金身貼金，有「塗金千佛塔」之稱。伽藍殿、六祖殿為宋代建築風格，明、清時重建。寺內塑像多為唐代遺物。

南越王墓

南越王墓位於廣州市解放北路象崗山上，是西漢早期建都番禺（廣州）的南越國第二代國王、秦統一嶺南的將領趙佗之孫趙眜的陵墓，距今已有2100多年的歷史。現在原址上建有「西漢越王墓博物館」，占地14萬平方公尺，分古墓保護區和綜合陳列館兩部分。墓室埋在崗頂下20公尺深處，用500多塊紅砂岩大石築成。墓室分前後兩部分，前部分成3室，後部有4室，墓底鋪木板。全墓長10.85公尺，最寬處12.5公尺。墓前（南）有放置隨葬品的外藏槨，斜坡墓道殘長10.3公尺。墓主屍體置於主室中，用一棺一槨盛殮，墓主身穿絲縷玉衣，帶成組玉佩，腰兩側各有寶劍5把。南越王墓共出土隨葬品1000多件（組），包括有青銅器、陶器、鐵器、玉石器、金銀器等，其中的「文帝行璽」是中國迄今考古發現的最大、最早的一枚西漢金印。

陳家祠

陳家祠即陳氏書院，位於廣州市中山七路，建於清光緒十六至二十年（1890～1894），是當時廣東省72縣陳姓宗親合資興建的合族祠。整座建築坐北朝南，由3進5間9堂6院共大小19座建築組成，薈萃嶺南民間建築裝飾藝術之大成，以其「三雕、三塑、一鑄鐵」著稱，號稱「百粵冠祠」。書院建築中心為主殿「聚賢堂」，整個建築前後左右，嚴謹對稱，虛實相間，極富層次。長廊、青雲巷使整個建築四通八達，庭院園林點綴其中，形成各自獨立而又相互聯繫的整體。陳氏書院以其精湛的裝飾工藝著稱於世，建築裝飾中廣泛採用木雕、石雕、磚雕、陶塑、灰塑、壁畫和銅鐵鑄等不同風格的工藝。

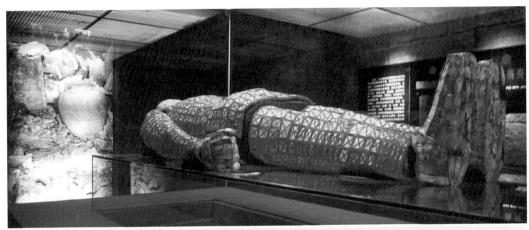

南越王墓內出土的絲縷玉衣。玉衣由頭套、衣身、兩袖筒和兩鞋組成，全長1.73公尺，共用玉片2291片。

廣西

🌏 行政區劃

廣西壯族自治區簡稱桂,因宋時其轄境屬廣南西路,故得名廣西。廣西地處中國南疆,位於北緯20°54`～26°23`、東經104°29`～112°04`,南臨北部灣,與海南省隔海相望,東連廣東,東北接湖南,西北靠貴州,西鄰雲南,西南與越南毗鄰。陸界國境線長637公里,海岸線東起粵桂交界處的英羅港,西至中越邊境的北崙河口,長1595公里,島嶼岸線605公里。全自治區土地面積23萬多平方公里,北部灣海域面積約13萬平方公里。轄14個地級市、7個縣級市、52個縣、12個民族自治縣,自治區首府南寧市。

南寧市

南寧市是廣西壯族自治區首府駐地,簡稱邕,位於自治區中南部。面積22189平方公里,人口706萬,有壯、漢、瑤、回、滿、苗、侗等35個民族,以壯族最多。轄7區5縣,市境位於南寧盆地中心,橫跨邕江兩岸。北部橫亙著東北—西南走向的天然屏障高峰嶺,邕江南岸是海拔200多公尺的丘陵,東南為近郊風景區青秀山,西郊主要為海拔百餘公尺的崗地,中部為平原。礦藏有煤、鐵、銅、鎢、錳、石油等。工業有食品、製糖、機械、紡織、醫藥、電力、冶金等行業。農業主產稻穀、甘蔗、玉米、木薯、花生。湘桂、黔桂、黎湛、南防、南昆鐵路縱橫境內,南寧東站有高鐵,210國道、322國道、324國道、325國道於境內交會,右江、左江和鬱江通航,設有機場,交通方便,為廣西交通樞紐和西南出海大通道。

桂林市

桂林市是中國歷史文化名城和世界著名的旅遊城市,位於廣西壯族自治區境內的東北部。面積27809平方公里,轄6區9個縣和2個自治縣。人口500萬,以漢族為多,有壯、瑤、回、苗、侗、滿、佬、土家等26個少數民族。市境位於五嶺之南,地處亞熱帶,氣候溫和,雨量充沛,素以鐘乳洞多,山峰奇,地下河發育,山水相依的岩溶地貌的獨特地理景觀著稱於世。工業有橡膠、醫藥、食品、電子、美術工藝品等門類,農業主產稻穀、芝麻、薯類、花生、黃豆等,兼產荸薺、沙田柚、金橘、棕櫚等。湘桂鐵路、幹線公路、高速公路縱橫境內,桂林西站有高鐵。民航班機通北京、上海、廣州等20多個城市和港澳地區,兩江國際機場,是桂林的國際航空港。

柳州市

柳州市是廣西壯族自治區最大的工業中心和交通樞紐，位於自治區境中北部，面積18677平方公里，人口395萬，轄5區3縣和2個自治縣。市境地勢低平，柳江流經市區，形成著名的「江流曲似九回腸」的大灣。沿江兩岸為海拔100公尺以下的平原台地，間或有岩溶孤峰零星分布。湘桂、衡柳、黔桂、焦柳四大鐵路幹線及屯秋、河茂兩條支線縱橫貫境。工業有製糖、化肥、煤炭、電力、化工、冶金、建材、食品加工等門類，農業主產稻穀，兼產甘蔗、林果。市境有柳侯公園、紀念柳宗元的柳侯祠和柳侯衣冠墓及羅池等名勝；柳江南岸魚峰山相傳為唐代壯族歌手劉三姐傳歌處；還有都樂岩、「柳江人」和「白蓮洞」遺址等。

柳州風貌。

人口、民族

廣西壯族自治區是中國以壯族聚居區為基礎的自治區，也是中國5個自治區中人口最多的一個。全區常住人口4838萬，其中壯族約占自治區總人口的32.6%，是中國少數民族中人口最多的一個民族，目前分布以桂西的隆安、靖西、天等、德保等縣最為集中。自治區以漢族人口居多，約占全區總人口的61.64%，分布以東部為多，中部次之，西部較少，還有瑤、苗、侗、佬、毛南、回、京、彝、水、仡佬等少數民族。

瑤族

瑤族是中國南方少數民族之一，有人口279.6萬（2010年），其中廣西有瑤族人口132萬左右。全自治區80%的縣市都有瑤族人口居住，主要聚居在都安、巴馬、金秀、富川、大化、恭城等6個瑤族自治縣，大分散、小集中是瑤族分布的特點。瑤族有本民族的語言，沒有本民族的文字，由於地域差異，方言區別明顯，各地瑤族一般以自己的語言作為交際工具，但都會説漢語，有的還會講壯語和傣語。瑤族的各支系因居住地區不同而有著服飾、飲

壯族銅鼓。

瑤族婦女正在整理剛採摘回來的八角。瑤族人民自給自足的自然經濟占主導地位，大部分以農業生產為主，兼營林副業。

食、居住上的差別，主要從事農業活動，熱愛唱歌，長鼓舞和銅鼓舞是瑤族的傳統舞蹈。民間工藝有挑花、刺繡、織錦、蠟染等，工藝精巧，歷史悠久。瑤族民間文學十分豐富，《盤瓠傳說》、《密洛陀》神話具有鮮明的民族特色和濃厚的生活氣息。

京族

京族是中國主要從事沿海漁業生產的少數民族，也是廣西壯族自治區獨有的少數民族之一，人口約2萬，主要聚居在廣西壯族自治區東興市的「京族三島」上。京族有本民族的語言，一直使用漢字作書面文字。京族的先輩曾仿效漢字創造過一種「喃字」，他們將喃字與漢字合用，用來寫經書、記歌謠，形成一種書面文字，但

由於種種原因，「喃字」沒有成為通行文字。唱哈節（又叫哈節）是京族人民最隆重的節日，也是最有京族特色的節日，主要內容是祭神唱歌，男女老幼身著盛裝，通宵達旦地歡宴歌舞，一般要持續三天之久。

壯族

壯族多分布於廣西壯族自治區，有人口約1400萬，主要分布在南寧、百色、河池、柳州4個地區，還有一部分散居於區內的66個縣市，分布面積約占廣西總面積的60%。壯族稱屋為「干

京族漁業發達，已從淺海捕撈發展到深海作業。近年來又大力貫徹「捕養並舉」的方針，發展了海水養殖業。

欄」，住房的主要形式有全
欄式、半欄式和平房三種。
全干欄房屬全樓居式，上
層住人，下層養牲畜和存放
農具，是傳統的住房形式。
半欄房以一開間為樓房，樓
上住人，樓下放牛羊、農具
等；另一間為平房，多為三
開間，是當今壯族住房的主
要形式。傳統服飾為男子下
身穿寬腿褲，上身著對襟無
領短衣，頭纏長巾；女子下
身穿百褶裙，上身著無領、
左衽、繡花滾邊短衣，頭紮
繡花巾。壯族的重大節日有
「三月三」、「中元節」、
「牛魂節」，文化藝術形式
多樣，內容豐富。壯族的文
學豐富多彩，有神話故事、
民間傳說、山歌等。舞蹈具
有鮮明的民族特點和濃厚的
生活氣息，有「春堂舞」
、「繡球舞」、「扁擔舞」
等。

佬佬族的農業占經濟的主導地位，兼種油菜和其他蔬菜。

佬佬族

　　佬佬族是廣西土著民族，
主要聚居在羅城佬佬族自治
縣境內，其餘散布在宜州、
融水、柳城、都安、柳江、
環江、河池等市縣及柳州市
郊，人口約17萬。佬佬族
自稱伶或謹，也稱布謹、姆
佬，中華人民共和國成立後
稱佬佬族。 佬族源於古代中
國南方的百越族群，有自己
的語言，沒有自己的文字。
佬族多住在山區或半山區，
依山傍水建村落。男子著唐
裝衣褲，婦女穿大襟上衣、
長褲，在家跣足，外出穿草
鞋。在 佬地區，以同姓共
村者為多，一般盛行小家庭
制，住房一般是泥牆瓦頂的
平房。 佬族是個喜愛唱歌的
民族，男女老少都會對歌，
凡過年和「走坡」時節，隨
處都可以聽到對歌聲。

在三月三歌圩中，壯家姑娘如
發現有情投意合者，會借繡球
傳遞情意。

Travel Smart

壯錦

壯錦是廣西壯族傑出的工藝
美術品，其風格獨特，富有
濃郁的民族特色。壯錦一般
由棉紗與五色絲線織成，
題材廣泛，結構嚴謹，構
圖造型新穎別致，色彩豔
麗，充分顯示壯族人民的勤
勞智慧。傳統的花紋圖案
有水紋、雲紋、菊花紋、蝴
蝶朝花、鳳穿牡丹、雙龍
搶珠、獅子滾球、鯉躍龍
門等20餘種。壯錦生產歷
史悠久，唐宋時期的書籍中
已經有所記載，明朝時更是
流行於民間，神宗萬曆年間
（1573～1619），帶有龍、
鳳圖案的壯錦被列為朝廷貢
品，每年都要從壯鄉送到北
京供皇室使用。清朝初年，
壯錦的織造遍布廣西各地，
成為壯族婦女必修的「女
工」。

歷史文化

廣西早在距今20萬年以前，就有原始人類在這裡生活，距今2萬～1萬年前的「麒麟山人」就已經學會製造和使用簡單的石器。秦始皇統一嶺南時開鑿了靈渠，把長江與珠江兩條水系聯接起來，又在廣西境內設置象、桂林兩郡，促進廣西與中原的交流。從春秋開始，廣西就有起義，是著名的「起義之鄉」。廣西的文化獨具特色，左江沿岸的花山崖壁畫，漢代前製造的大銅鼓以及古樸典雅、可避濕熱、防蛇獸侵害的壯族干欄式建築等，成為廣西古代文化的傑出代表。

史祿開鑿靈渠

西元前221年秦始皇統一東方六國之後，開始對浙江、福建、廣東、廣西地區的百越發動大規模的軍事征服，史稱「秦戍五嶺」。但因五嶺阻礙了交通，使軍需運輸極為不便，為了解決運糧等補給問題，秦始皇命令史祿劈山鑿渠。經過精確計算，史祿在興安開鑿了靈渠，從南陡口到大溶江共長34公里，其中人工開鑿的部分約5公里，其餘由原來的小河道連結而成，把湘江和灕江連接起來，使援兵和補給物資源源不斷地運往前線，從而迅速推進戰局，最終將嶺南廣大地區正式劃入秦王朝的版圖。靈渠的開鑿溝通了長江水系和珠江水系，使南疆北國連成一體，促進漢民族與嶺南各少數民族的經濟、政治、文化交流，在中國統一和發展過程中，產生重大作用。它的運輸功用從秦至清末民初，歷時2000多年，在世界航運史上非常罕見。

柳宗元

柳宗元是唐宋八大家之一，因為祖籍在河東（今山西永濟）地區，世稱柳河東。唐憲宗元和十年（815），柳宗元被貶，來到當時還屬於蠻荒之地的柳州當刺史。他上任後廣泛調查並聽取百姓的意見，採取「以傭除本」的措施，使一批賣身為奴的農民歸田生產。他努力革除當地的陳規陋習，興

昔日的交通運輸要道口——靈渠，今日已成為廣西著名的旅遊景區，吸引著無數的遊客。

柳侯公園內有郭沫若為柳侯祠
題寫的碑文。

廣西柳州市的公園內，有一座為了紀念唐代著名文學家柳宗元而建立的柳侯祠。它始建於唐代長慶元年（821），原名羅池廟，因宋代追封柳宗元為文惠侯，遂改為柳侯祠。

辦一批文化教育場所，還大力發展農、林、牧生產，組織百姓挖井、開荒、植樹、造船等，在短短4年內改變了柳州落後凋敝的境況。唐元和十四年（819）柳宗元逝於任上，人們為了紀念他，在羅池邊修建羅池廟，就是現在的柳侯祠。

瓦氏夫人

瓦氏夫人是明朝嘉靖年間的抗倭女英雄，本姓岑，壯族人，因嫁與田州（今廣西田陽縣）土官岑猛為妻，改姓為「瓦氏」。她自幼聰慧好學、性情豪爽，懂兵法、有謀略，明嘉靖六年（1527）其夫死後，由她代理掌管州內一切政務。嘉靖三十三

年（1554），倭寇侵擾中國東南沿海，明朝徵調「兵」（廣西壯族土兵）前往東南沿海抗倭。瓦氏夫人請命應徵，被授予「女官參將總兵」的職務，率領6800餘人前往，在抗倭戰場上「十出九勝」，屢建奇功，憑藉軍功被冊封為「二品夫人」，百姓則稱她為「石柱將軍」。同年七月，瓦氏夫人班師回田州。不久病逝，被追封為「淑人」，葬於州城東婆地（今田陽縣田州鄉那蘭村），其墓碑保存至今，上面刻有「明賜淑人岑門瓦氏之墓」的字樣。

金田村起義

金田村起義是影響深遠的農民起義。清朝道光二十三年（1843）洪秀全創立了拜上帝會，並與馮雲山一起開始在廣西桂平紫荊山區廣泛發展信徒。1850年洪秀全發布團營令，要求各地信徒

變賣家產到金田村集中，先後會集到金田村的信徒共約2萬人。清政府兩次出兵鎮壓，都被太平軍擊敗。1851年1月11日，洪秀全、楊秀清、蕭朝貴、馮雲山、韋昌輝、石達開等帶領拜上帝會會眾，在韋氏大宗祠舉行全體拜上帝儀式，宣布國號為「太平天國」，正式起義。

Travel Smart

歌圩

壯族人民喜愛唱歌，經常舉行傳統的歌唱聚會活動——歌圩。農曆三月初三、四月初八和八月十五的歌圩規模最為盛大。歌圩以對山歌為主，但也加入傳統的文體活動，如打扁擔、舞龍、舞獅、舞春牛等。對歌圩興趣最濃的是精力充沛的青年男女，他們在歌圩上，往往以選擇配偶為主要目的。對歌中如果發現有情投意合者，女方便用繡球的帶子捆綁上禮物向男方拋去。此外，碰蛋也是男女青年在歌圩上傳情的一種方式。

🏔 地貌

廣西地勢大體從北向南傾斜。西北部、北部為雲貴高原的邊緣部分，分布有海拔1000～1500公尺左右的金鐘山、青龍山、東風嶺、九萬大山等山地；東北部屬南嶺山地的一部分，越城嶺、海洋山、都龐嶺和萌渚嶺平行排列，嶺谷相間，其中貓兒山海拔2142公尺，為廣西最高峰；東南至西南部為雲開大山、六萬大山、十萬大山等山脈。上述山嶺綿互廣西周圍，使其略成一個「缺口」甚多的盆地形勢，稱之為廣西盆地。廣西岩溶地貌分布遍及83.9%的縣境，是中國岩溶地貌分布廣、發育典型的地區之一，按其發育程度大致可分為：峰叢窪地、峰林谷地和殘峰平原等三類。

十萬大山

十萬大山是廣西壯族自治區西南部重要的氣候分界線，山脈呈東北—西南走向，西南伸入越南，長170多公里，寬15～30公里。山體海拔1000公尺左右，主峰蒔良嶺1462公尺，是桂南最高點。十萬大山區是中生代以來的凹陷構造，中生代紅色岩系（砂岩、葉岩、礫岩）沉積厚度大，分布廣，第三紀以來褶皺斷裂上升，成為廣西最年輕的褶皺山脈。山勢南高北低，南部由1200～1400公尺的山脊組成十萬大山主軸，地勢向北逐漸降低，依次出現850、700、550、400公尺等數列單斜山地及丘陵面。河流多為順坡面發育而向北流，屬鬱江水系。由於多列單斜地形的影響，河流多沿錯動的斷裂谷地及兩單斜山地之間發育，河床曲折，急劇轉彎與平直相間，多險灘。山地南側河流短小，獨流入海。十萬大山南坡的防城區，面臨熱帶海洋，降水豐富。山中有大面積的熱帶常綠季雨林，熱帶樹種繁多，主要有烏欖、白欖、魚尾葵等。

大瑤山

大瑤山是桂江、柳江的分水嶺，位於廣西壯族自治區中部偏東的金秀瑤族自治縣，延伸到象州、蒙山、平南等8縣境內。大瑤山呈東北—西南走向，長約130公里，寬50～60公里，主要由古生界寒武系和泥盆系下統的淺變質砂葉岩和含礫砂岩組成。由礫岩、砂岩所形成的丹霞式地形風景奇麗。大瑤山一般海拔1200公尺左

廣西南丹大廠巴里礦區。

右，主峰聖堂山1979公尺，是廣西中東部最高峰，山頂周圍有數千公頃罕見的紅岩杜鵑林。大瑤山東南坡的年降水量多在2000公釐以上，是眾河之源。天然植被屬亞熱帶常綠闊葉林，植物2300多種，山中的靈香草是廣西特產。陸棲脊椎動物有370多種，有世界獨有種鱷蜥。大瑤山還是候鳥冬季棲息地，被稱為「雪鳥」的數十種鳥類常以萬計在此越冬。

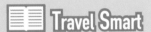

Travel Smart

樂業天坑

中國廣西樂業縣的天坑群是一組岩溶鐘乳洞群，當地人叫做「大石圍」，形成於6500萬年前，形狀猶如一個個巨大的漏斗，隱藏在群山峻嶺之中。中國科學院的專家確定樂業天坑群是世界上最大的天坑群，由23個天坑組成，最深的達600多公尺，淺的也有300多公尺。其中最大的大石圍天坑垂直高度為世界第二，底部分布的原始森林面積為世界第一。專家還測量了大曹鐘乳洞地下大廳，長300公尺，寬200公尺，最高處達260公尺，對比分析後確定大曹鐘乳洞地下大廳是中國最大的地下大廳，也是世界第二大地下大廳。地下大廳頂部距離外界地面只有20公尺，是一個正在形成的天坑。樂業天坑群幾乎囊括了各種類型的天坑和鐘乳洞的景觀，具有極高的科考、探險價值，被專家稱為「天坑博物館」和「世界岩溶聖地」。

龍勝瑤寨梯田。

岩溶洞穴。

紅水河是廣西的主要河流，被稱為「壯族母親河」。

🌀 水系

　　廣西境內流域面積在1000平方公里以上的河流有69條，是中國河流密度較高的省區。境內河流主要屬西江水系，河流順地勢發育，自西北向東南，大小支流於南北兩側匯入橫貫中部的西江幹流，形成以梧州為出口總匯的樹枝狀水系。此外，還有屬長江水系的湘江、資水，獨流入海的南流江、欽江等沿海水系，以及屬紅河水系的百都河水系。在岩溶地區，地面河多與地下河組成共同河流水系。廣西沒有大的天然湖泊，僅有廢棄的河道成湖和面積不大的岩溶湖，還有眾多的泉水、瀑布。

鬱江

　　鬱江是珠江流域西江水系最大的支流，位於廣西壯族自治區南部。北源右江為正源，發源於雲南省廣南縣境內的楊梅山；南源左江源於越南境內。左、右江在南寧市三江口宋村匯合後始稱鬱江。自宋村經南寧至邕寧蒲廟段，習慣上稱為邕江，東流至桂平匯黔江後稱潯江。鬱江全長418公里，左、右江流域面積共9.07萬平方公里，總落差1655公尺。降水豐沛徑流豐富，水流較緩，水位變幅小，水患較小利於航運。幹流兩岸植被良好，河流含沙量小，水力資源豐富。

紅水河

　　紅水河是珠江流域西江水系的幹流，上游稱南盤江，發源於雲南省沾益縣馬雄山，與北盤江匯合後始稱紅水河。因流經紅色岩系地區，河水呈紅褐色，故名。全長659公里，較大的支流有蒙江、曹渡河、布柳河、靈岐河、刁江、清水河等，流域面積3.3萬平方公里。流域內雨量充沛，年降水量1200公釐以上。河流沿途群峰夾谷，河床深邃，主要險灘有50餘處。紅水河居珠江水系之首，為全國第六位。

🌧 氣候

廣西年均溫由北往南從17℃遞增到23℃，1月均溫6～15℃，7月均溫25～29℃。北、中部無霜期約10至11個月，南部基本無霜。自治區年降水量達1200～2000公釐，多集中在4月～8月（桂北）或5月～9月（桂南、桂西）。雨熱同期，大部分地區可種植雙季稻，且利於熱帶、亞熱帶作物和經濟林木的生長。但是較為常見的旱、澇、寒潮、霜凍、颱風、冰雹等災害，對農業生產有一定的影響。

🌳 自然資源

廣西礦藏資源豐富，已探明儲量居國內前十位的有錫、錳、銻、銀、鋁土、鉭、鋅、鈦、鉛、汞、鈮、膨潤土、石灰石、滑石、重晶石、石英砂、大理石、花崗石、高嶺土、石膏等54種。動植物資源也很豐富，植物計有280多科、1670屬、6000多種，喬木樹種達千種以上，居全國第四位。桂西南是金花茶、蜆木、金絲李、擎天樹、肥牛木、蝴蝶果、廣西青梅等多種熱帶、亞熱帶特有珍稀樹種的分布中心。野生動物中列為國家重點保護的珍稀動物達38種，桂西南的白頭葉猴、大瑤山的鱷蜥為廣西獨有的世界級珍稀動物。

黑葉猴。

金花茶

金花茶屬山茶科，是國家一級保護稀有種，有「茶族皇后」的美稱。為常綠灌木或小喬木，高2.5～5公尺，花徑3.5～6公分，花瓣金黃色具蠟質光澤。11月開花，花期很長，可延續到翌年3月。僅分布於廣西南部，生於海拔50～500公尺處的山地或丘陵下部陰濕的溝谷及溪旁林下。

瑤山鱷蜥

瑤山鱷蜥屬爬行綱蜥蜴目

鱷蜥科，卵胎生，為世界級珍稀動物。體型介於鱷魚與蜥蜴之間，全長30～40公分。頭部粗短，頸不明顯，吻及嘴短；背部棕黑色，有粒狀鱗及稜鱗；體側棕黃色，雜有黑紋；腹面橙紅色，有黑斑。尾比體長，有黑褐色環紋，尾背有兩排稜鱗；腳短，趾端有利爪。棲息於常綠闊葉林中的山澗溪旁，一般以昆蟲、蠕蟲及青蛙等為食。

黑葉猴

黑葉猴別名烏猿，屬於猴科，是珍貴稀有的靈長類動物之一，為國家一級保護動

怒放的金花茶。

瑤山鱷蜥。

白頭葉猴。

物，主要分布於廣西、貴州的熱帶、亞熱帶叢林中。黑葉猴體型纖瘦，四肢細長，頭小尾巴長。頭頂有黑色直立的毛冠；兩頰至耳基部有白毛；成體全身烏黑色，有光澤。手、足具烏黑扁平指（趾）甲；尾尖端白色。黑葉猴跳躍能力很強，一次可越出10多公尺，很少下地喝水，多飲露水和葉子上的積水，以嫩葉芽、花、果為食。

白頭葉猴

　　白頭葉猴又名白頭烏猿，屬靈長目疣猴科，為國家一級保護動物，是非常珍稀的一種猴類。牠軀體纖瘦，四肢細長，尾長超過體長。頭頸、上肩、四肢下部及後半段尾毛呈白色，頭頂毛冠呈白色上豎，上體毛黑色、有光澤。體重6～8公斤，雄性稍大於雌性，常以小家族形式棲息。性情機敏，善於攀援，主要以野果為食，兼食花、樹葉、嫩芽等。

花坪自然保護區

花坪自然保護區是中國距離城市最近的原始森林區，位於龍勝各族自治縣西南與臨桂縣交界處，距桂林約60公里。總面積174平方公里，以峰險、瀑美、泉勝、物奇為特色。區內植物種類達1114種，有冠若亭雲、俊秀挺拔的「活化石」──銀杉，有馬尾千金草、雞爪蓮、獨角蓮、靈香草等名貴藥材，以及廣東五針松、福建柏、紅豆杉、鵝掌楸、紫竹、黑竹、方角竹等。區內的野生動物達500餘種，有頭上長角的「角雉」，有頭尾難辨的「兩頭蛇」，有雌雄合身而逆水上灘的「半邊魚」，以及青猴、角麂、四川太陽鳥、鉤嘴眉等異獸珍禽。

經濟

　　廣西的主要工業有食品、電力、有色金屬、建材、紡織、機械、冶金、造紙等門類，初步形成一批有一定規模、具有廣西特色的支柱產業。廣西是中國水稻、蔗糖、麻類、水果、水產品、亞熱帶土特產品的生產基地，熱帶海洋資源達149種，各種魚類持續資源藏量達70多萬噸。廣西交通發達，已形成以鐵路為骨幹，港口為門戶，公路四通八達，民航和海上、內河航運相配套的綜合交通網，是中國西南的出海大通道。

農業

廣西是山地丘陵多、平原少和人多耕地少的省區，全區耕地約占土地總面積的11％。東南以水田為主，西北則多旱地，除北部少數山區外，作物一般一年兩熟或三熟。糧食作物以水稻為主，東南各縣最為集中。經濟作物以甘蔗為主，其他經濟作物有花生、黃紅麻、苧麻、菸葉、茶葉、木薯等，南部及東南部部分地區有橡膠、劍麻、柑橘、橙、柚、香蕉、鳳梨、芒果、荔枝、龍眼等熱帶、亞熱帶經濟作物和水果。廣西森林資源較豐富，盛產杉、松、竹等用材林木以及油茶、油桐、八角、肉桂、栓皮櫟等經濟林木。畜牧業以養豬為主，漁業以海洋捕撈為主，北部灣為主要漁場，淺海養殖以北海、合浦一帶所產的「南珠」馳譽於世。

工業

廣西輕工業中以蔗糖為主的食品工業占優勢，罐頭食品工業有一定規模，南寧建有中國規模最大的南寧賴氨酸廠。紡織工業主要分布在南寧、柳州、桂林、宜州等地，造紙工業主要在柳州、南寧、貴港和浦北。重工業以機械工業為主，門類較齊全，冶金工業以柳州鋼鐵廠為最大。有色金屬採冶則有錫、鋁、鉛、鋅、銻、鎢、銅等，其中，錫、銻、鎢是傳統的出口商品，平果鋁廠為廣西最大的鋁業生產基地。化學工業有基本化工原料、化肥、農藥、有機化工、橡膠加工等部門。廣西電力工業發展迅速，其中水電占全區總發電量的一半以上，有天生橋低壩電站、岩灘電站和紅水河水電站等。

交通

廣西已形成以鐵路為骨幹的較完整的交通運輸網，以柳州為樞紐，有湘桂、黔桂、黎湛、枝柳、南昆等幹線，從南寧可直達北京、北海、廣州、貴陽等地。到2017年，廣西鐵路營運里程將達到5500公里左右，高速鐵路營運里程2000公里以上，形成「一軸四縱四橫」現代化快速鐵路運輸網路，全面建成以南寧為中心的快速鐵路網。公路運輸以南寧、柳州、桂林、梧州、欽州、玉林、河池、百色等為中心，全區95.5％的鄉鎮均有公路聯繫，但大部分標準較低。海上運輸主要有北海港、防城港，北海港與60多個國家和地區的130多個港口有貿易往來，防城港是中國大西南最便捷的出海口岸。內河航運主要有西江及其支流鬱江、柳江、桂江、右江，年吞吐量50萬噸以上的內河港口有梧州、貴港和南寧。梧州港是廣西進出口商品的主要中轉站和主要通道，每天有客輪直航廣州、香港，上溯可達南寧、百色、柳州。航空運輸以南寧、桂林為中心，分別有定期航班飛往國內各大城市。

廣西田東煉油廠。

陽朔有「碧蓮玉筍世界」的美稱，碧蓮峰、龍背峰、膏澤峰、玉姑峰、仙桃峰等環城屹立，如同挺拔的玉筍，好似出水芙蓉。在它們的裝點下，陽朔古城彷彿一個天造地設的美麗盆景鑲嵌在大地上。

✈ 旅遊地理

廣西的岩溶地貌分布最廣，岩溶風光也是中國乃至世界上最為秀麗的。「山青、水秀、洞奇、石美」的桂林山水甲天下，陽朔風光更勝一籌。南寧的伊嶺岩、柳州的都樂岩、北流的勾漏洞等也是奇特的岩溶景觀。廣西的德天、通靈、愛布等瀑布，大瑤山、貓兒山、都嶠山、紅水河、資江等名山大川也很著名，龍勝花坪、弄崗、山口等自然保護區散落在境內。花山崖岩畫、靈渠、真武閣、柳侯祠、程陽永濟橋、馬胖鼓樓、太平天國起義遺址等，記錄著這裡悠久深厚的歷史文化。

陽朔

陽朔位於廣西桂林市南65公里的灘江江畔，城北有兩座並列而立的山峰，名為羊角山，陽朔的名字就是取山名的諧音而來的。陽朔是一個歷史悠久的古城，古詩有云：「城廓並無二里大，人家都在萬山中。」陽朔的山峰以多勝，以奇勝，以秀勝。連綿數十里的山峰，如筍拔地，各不相倚，有若星羅棋布，中間穿繞著一條蜿蜒而下的百里灘江，不禁使人興起「江作青羅帶，山如碧玉簪」的詠歎。陽朔的山峰千姿百態，書童山近看像古代的書童在倚山讀書；畫山布滿各種顏色的石紋，遠望有如色彩繽紛的壁畫；西郎山瀟灑挺拔，無異儒雅的君子。諸山形態畢肖，處處引人遊趣，其他勝景還有月亮山、冠岩、碧蓮峰、榕蔭古渡、屏風山等。北面的興坪古鎮可說是灘江山水的薈萃中心，有「三岩、五井、十三山」等美景，這裡山重水曲，古樹蔥老，在山嵐籠罩下，江面隱約可見捕魚竹筏，飄然往來。鎮東北有蓮花岩，有古蓮百餘公尺，蔚為奇觀。

花橋

花橋位於桂林市七星公園內，全長126.5公尺、寬6公尺，東西橫跨於小東江

與靈劍溪南口合流處。橋始建於宋代，名嘉熙橋；明景泰年間重建，為木橋；嘉靖十九年（1540）改石橋，分水、旱橋兩部分。水橋長60公尺、寬6.3公尺，旱橋長65.2公尺。清時在橋上蓋大屋頂式藍琉璃長亭，具備了現在的規模。兩岸修竹繁花，橋名因此改為花橋。水橋四孔，倒影如四輪滿月；旱橋原六孔，1965年整修時增為七孔。因橋東有芙蓉天柱石，也稱「天柱橋」。

經略台真武閣

經略台真武閣位於容縣城東文化公園內。唐大曆三年（768），詩人元結任容經略使時為操練軍士，欣賞風景，建經略台。台長約39.5公尺、寬37.3公尺、高4公尺左右，中間夯土，四周砌磚石，堅實穩固。明洪武十年（1377），台上建玄

陽朔碧蓮峰石壁上刻有一個寬3公尺、高6公尺的草書「帶」字。

黃姚古鎮內保留著清光緒皇帝所賜的匾額。

武宮，奉祀真武大帝以鎮火神。萬曆元年（1573）擴建，主體建築為三層木質方塔形樓閣，即真武閣。通高13.2公尺，面寬13.8公尺，進深11.2公尺。全閣近3000個大小鐵木構件，以榫桿原理串聯吻合，相互牽制，彼此支撐，構造巧妙，造型優美。全閣以「榫桿結構」平衡建築，不用一釘一鉚，被譽為天南傑作。

黃姚古鎮

黃姚古鎮位於昭平縣東北面，距縣城70公里，占地1平方公里，街道呈條帶狀，全用青石板砌成，明清風格的房屋、寺廟等建築物均保存完好。黃姚鎮發祥於宋朝開寶年間，興建於明朝萬曆年間，鼎盛於清朝乾隆年間，由於該鎮以黃、姚兩姓居多，故名「黃姚」。現古鎮完整地保存著8條石板街道，全長10多公里，寬度2～5公尺不等。明清古建築保存有300多幢，面積達1.6

萬平方公尺，有亭台樓閣10餘處，寺觀廟祠20多座，特色橋梁11座。另有楹聯匾額百副，著名的興寧廟匾額被列為「中華名匾」之一。內中「黃姚八景」為古戲台、興寧廟、文明閣、寶珠觀、天然橋、聚仙岩、帶龍橋、孔明岩，至今舊貌仍存。整座黃姚古鎮，就是一部完整的桂東民居文化史。

德天瀑布的主體瀑布由三級跌水而成，寬約120公尺，縱深60公尺，落差70公尺，與越南的板約瀑布連為一體，瀑布總寬180公尺，是亞洲最大的天然瀑布。

桂林灘江

　　有「桂林山水甲天下」美譽的灘江風景區，位於廣西壯族自治區東北部，總面積約2000多平方公里，以桂林市為中心，包括灘江及其支流桃花江和興安運河靈渠，北起興安，南至陽朔，綿延150餘公里，由灘江一條江水將星羅棋布的各個景點連串在一起。風景區內岩溶發育完善，地面奇石簪山，有的峰林簇擁，有的一山獨秀，有的像人似獸，姿態萬千。地下鐘乳洞密布，人稱「無山不洞，無洞不奇」，多達2000餘個，深藏不露，宛若神仙洞府，鐘乳石筍，隨處可見，色彩繽紛，光怪陸離。

　　灘江是桂江中游水域，蜿蜒蕩漾，有「九十九道灣」之說。因為流經植被良好的石灰岩地區，含泥沙量極少，每立方公尺僅為0.6公斤，因此江水清澈碧透，動似流光，止如明鏡，部分江段甚至可以直視水底。桂林灘江風景區的主要景點大多集中在桂林以南，沿灘江至陽朔長達83公里的水陸兩岸，大致可分為桂林至黃牛峽、黃牛峽至水落村、水落村至陽朔三段景區，其中黃牛峽至水落村段是灘江風光的精華所在。這裡秀峰林立、綠水縈紆、山石玲瓏、岩洞奇幻，如同百里畫屏，有蘆笛岩、疊彩山、西山、隱山、獨秀峰、伏波山、七星岩、月牙山、象鼻山、南溪山、穿山等岩溶地貌景觀，也有飛瀑、急流、險灘等水景。其中一江（灘江），兩洞（蘆笛岩、七星岩），三山（獨秀峰、伏波山、疊彩山）在桂林灘江風景區中最具代表性。

桂林灘江風景區是世界上規模最大，
風景最美的岩溶山水旅遊區。

蘆笛岩

灘江晚舟

桂林山水。

中南 海南

🌐 行政區劃

　　海南省簡稱瓊，位於中國最南端的南海海域。地處北緯3°20`～20°18`，東經107°50`～119°10`。海南島北隔瓊州海峽與廣東雷州半島相望，西臨北部灣與越南為鄰，東南為南海及西太平洋。陸地面積3.4萬平方公里，海洋面積200萬平方公里，是中國陸地面積最小、海洋面積最大的省，轄4個地級市、5個縣級市、4個縣、6個自治縣。

海口市

　　海口市是海南省的省會，為具有熱帶風光的濱海港口城市，位於海南島北岸的南渡江口，市境地勢南高北低，轄4個區。海口市屬海洋性氣候，常年無霜，夏長無冬，午熱夜涼，春夏多雷雨，夏秋兩季常受颱風侵襲。工業有橡膠、紡織、電子、化工、製藥、製鞋、製糖、食品飲料、印刷、服裝、汽車修配和製造等行業；農業主產稻穀；漁業以近海捕撈為主，兼有淡水養殖。有223國道、224國道、225國道及環島高鐵自海口連結島內市縣直達三亞。海口港與海口新港是對外開放港口，海口美蘭國際機場有通往國內外各大城市的航線。

三亞市

　　三亞市是海南省新興的熱帶濱海旅遊港口城市，也是中國重要的育種基地，位於海南島南端，面積1919平方公里，市境北倚高山，南臨大海，地勢自北向南傾斜。北部為五指山餘脈，峰巒綿亘，占地廣大；南部則為沖積平原，山地丘陵略多於平原台地。河流短淺，以寧遠河最大，海岸曲折，多海灣岬角，近海有海島。工業有食品加工、輕紡、服裝、

建材、造船、化工、電子、機械、電力、製鹽、飲料、糧食加工、印刷、飼料加工等門類，椰雕、珊瑚花、藤竹器編織的工藝品等是三亞著名的手工藝品，還有荔枝溝工業開發區、小洞天、紅沙、藤橋、羊欄等經濟開發區，和商貿、房地產、旅遊等行業。農業主產稻穀，盛產荔枝、龍眼、鳳梨、菠蘿蜜、芒果、腰果、香蕉、檳榔等熱帶佳果。境內的鳳凰國際機場是海南最大的航空港，已開通多條國際、國內航線。三（亞）八（所）鐵路可達八所。三亞港、榆林港均為天然良港，其中三亞港可停泊8000噸級遠洋輪。

👤 人口、民族

　　海南省總人口917萬（2016年），其中城鎮人口少於鄉村人口100多萬，總人口超過50萬人的城市有海口市、三亞市、儋州市、文昌市和萬寧市，人口最少的是五指山市。此外，有300多萬瓊籍華僑、華人旅居海外，分布在50多個國家和地區，主要聚居在東南亞各國，尤以泰國為最多。海南省共有37個民族，其中漢、黎、苗、回族是世居民族，黎族是海南島上最早的居民。黎、苗、回族大多數聚居在中部、南部，漢族人口主要聚集在東北部、北部和沿海地區。

黎族

　　黎族90%聚居在海南省的保亭、樂東、瓊中、白沙、陵水、昌江等自治縣和三亞、東方、五指山三市，人口有127.74萬（2010年）。黎族有本民族語言，因地區不同還有不同的方言，不少人兼通漢語。1957年黎族使用拉丁字母創制了文字，唱民歌是黎族人民在勞動、戀愛、婚喪、祭祀、迎賓等各種場合表達思想感情的重要方式。黎族婦女一般著對襟無扣上衣和筒裙，男子穿無領對襟上衣，有的地方女子穿套頭式上衣，在腦後束髮，披繡花頭巾、戴耳環、項圈和手鐲。黎族的傳統體育活動有跳竹竿、穿藤圈等。住房大多是以樹幹做支架的金字形茅屋，用泥糊竹料做牆。合畝地區以船形房為主，是傳統的竹木結構建築，外形像船篷。黎族人民擅長植棉和紡織，早在元朝時期就具有較高的紡織技術。

令人神往的三亞海濱風光。

黎族婦女的傳統服飾。

🏛 歷史文化

遠在新石器時代的早期，就有黎族先民跨海進入海南島，開始了海南的文明歷程。西漢、東漢兩位伏波將軍路博德、馬援先後平定海南，在此設立郡縣。南朝和隋朝時期，嶺南俚族首領洗夫人收服海南各峒，此舉深刻影響了海南的民俗民風，並加速海南文化的發展與變革。古代海南是一個荒僻邊遠的地方，歷代王朝都把海南作為貶謫官吏的流放地，其中著名的有唐宰相李德裕、宋詞人蘇軾、宋名將李綱等。這些被貶官吏帶來中原先進的文化，尤其是蘇軾開辦學校的舉措對海南的教育產生了深遠影響。

海瑞

海瑞，字汝賢，自號剛峰，諡號忠介，海南瓊山人，回族。明嘉靖二十八年（1549）以〈治黎策〉中舉人。嘉靖三十六年（1557）任浙江淳安縣知縣，在任期間著有《淳安政事》。嘉靖四十三年（1563）任戶部雲南司主事，當時的明世宗嘉靖皇帝迷信道教，為尋求長生不老之術，長年不理朝政。海瑞於嘉靖四十五年（1566）在〈直言天下第一事疏〉中批評嘉靖是「家家皆淨」，結果皇帝大怒，把他免去官職投入監獄。嘉靖死後，穆宗即位，恢復了海瑞的官職，後又屢次升遷，萬曆十五年（1587）海瑞病逝於南京右僉都御史任上。海瑞不僅以「直言敢諫」稱著於世，還是中國歷史上著名的清官和政治家，當時人稱為「南包公」、「海青天」。

海瑞陵園墓室後建有「揚廉軒」，軒前有海瑞塑像，軒後有清風閣，展示海瑞的生平事蹟和有關文物。

⛰ 地貌

海南島四周地勢低平，中間高聳，呈穹隆山地，以五指山、鸚哥嶺為隆起核心，向周邊逐級下降，由山地、丘陵、台地、平原構成環形層狀地貌，梯級結構明顯。山地和丘陵是海南島地貌的核心，占全島面積的38.7%。山地主要分布在島中部偏南地區，山地中散布著丘陵性的盆地，丘陵主要分布在島內陸和西北、西南部等地區。在山地丘陵周圍，廣泛分布著寬窄不一的台地和階地。環島多為濱海平原，海岸主要為火山玄武岩台地的海蝕堆積海岸、由溺谷演變而成的小港灣或堆積地貌海岸、沙堤圍繞的海積階地海岸。

五指山

廣義的五指山為海南島中南部山區的統稱，狹義則指位於海南島中部偏東的山系，包括母瑞山、白馬嶺、五指山、七指山、馬咀嶺。其中最高峰五指山，海拔1867公尺，坐落在瓊中縣境內，為海南島第一高峰；偏西為黎母嶺，其中鸚哥嶺海拔1812公尺，為海南島第二高峰。五指山脈呈北東—南西走向，山體蜿蜒長15公里，上覆厚層花崗岩，東北段破碎低矮，西南段完整高聳。主峰在西南端，山峰起伏如鋸齒，多懸崖峭壁。山

五指山區覆蓋著熱帶原始森林，層層疊疊，逶迤不盡。

間盆地、丘陵錯落分布於山脊兩側，呈多級地形。五指山為萬泉河、陵水河和昌化江等河流的分水嶺。山脈東南麓位於迎風坡上，又為颱風路徑所經，年降水量2866公釐，是海南著名的暴雨中心。五指山森林成片，生長茂密，種類繁多，群落層次多而複雜，垂直地帶性差異明顯，有綠色寶庫之稱，多珍貴動物。

南沙群島

南沙群島是南海諸島中位置最南、島礁最多、散布最廣的島群，為傳統最南疆界，西部和越南南部遙對，東部、東南部和菲律賓、印尼、東馬來西亞、汶萊等為鄰，西南部與西馬來西亞、新加坡隔海相望。南沙群島大部分發育在1800～2000公尺深的南沙台階上，海域廣大，約82.3萬平方公里。

島礁洲灘200多座，按其分布形勢可分為中北群、東群、西群和南群，其中曾母暗沙（又稱沙排）的附近是固有領土的最南端。南沙群島具有特殊的熱帶珊瑚島的自然景觀，海洋生物豐富，島洲鳥糞堆積甚厚，為上等肥料。南沙群島還是重要的海底油氣遠景區，對於氣象觀測、颱風預報和無線電通訊也具有特殊意義。

西沙的大部分島嶼都是由大量死亡的珊瑚的骨骼凝結堆積而成，形成環狀的珊瑚礁。在這片蔚藍的海水下，蘊藏大量豐富的礦產寶藏。

南沙群島。

🌊 水系

　　海南島地勢中部高四周低，比較大的河流大都發源於中部山區，組成輻射狀水系。全島獨流入海的河流共154條，其中流域面積超過100平方公里的有38條。南渡江、昌化江、萬泉河為海南島三大河流，流域面積均超過3000平方公里，3條大河流域面積占全島面積的47%。其中南渡江全長311公里，是省內最長的河流。海南省河流比降大，水力資源豐富，水力蘊藏量99.5萬千瓦。河川多屬暴流性，洪水突發性強，洪峰高，歷時短，急漲急落。

萬泉河

　　萬泉河為海南島第三大河，又名萬全河。上游分南北兩條支流，北支流源於鸚哥嶺東麓，南支流源於五指山北麓，向東流經萬寧市境內與北支流匯合，後經瓊海市的博鰲港流入南海。主流全長163公里，總流域面積3693平方公里。上游兩岸高峰聳立，河道灘多水急，水力資源豐富。下游地勢平坦，河道寬闊，盛產鯉魚。

百花嶺

　　百花嶺瀑布是中國境內落差較大的瀑布之一，位於瓊中黎族苗族自治縣縣城營根鎮西南6公里處，因瀑布噴出的水像花雨而得名。百花嶺主峰海拔1100公尺，

萬泉河風景區內的博鰲水城位於瓊海市博鰲鎮萬泉河的出海口處，以其海水、沙灘、紅礁、林帶及明媚的陽光、新鮮的空氣、清柔的流泉，被專家譽為世界河流出海口中自然景觀保存最完美的地方之一。博鰲水城作為博鰲亞洲論壇的永久性會址，已是一個專門為論壇設計的集生態、休閒、旅遊和會展服務為一體的國際化綜合度假區。

萬泉河。

它同東南面的五指山、西北部的黎母山形成三足鼎立之勢，峰巒疊嶂，巍峨蜿蜒，林木蒼翠，百鳥爭鳴，宛如蓬萊仙境。百花嶺瀑布的源頭在海拔700公尺的第二峰上，像一條雪白的哈達懸掛在山間，水流順崖而下300公尺，飛珠濺玉形成四級瀑布。各級瀑布的形態各異，氣勢磅礡，蔚為壯觀。第一級稱為「金龍吐珠」；第二級稱為「神丹妙藥」；第三級稱為「仙女散花」，水流從100公尺高處循崖飄揚散落，狀如白色的花瓣雨，異常美妙；第四級稱為「觀音望蓮」，下有白膚潭，潭水清澈，水質柔和，據說用此水洗臉會使膚色保持嫩潤。

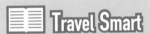

Travel Smart

椰雕

椰雕是用堅硬椰子殼雕製的工藝品，造型別致多樣，色調古樸雅致。唐、宋時就有人做簡單加工，製成酒杯、茶具和墨具等，據說用椰子殼製成的酒具遇到毒藥會自動裂開，明清兩代曾以之作為「天南貢品」，向朝廷進貢。現在的海南椰雕在保持傳統工藝手法的基礎上，不斷發展和創新，圖案不拘人物、鳥獸、花卉、山水，注重整體的裝飾性、藝術性和實用性。

氣候

海南省氣候具有熱帶季風和熱帶海洋性氣候的特色，日照時數長，熱量豐富，年日照時數2000～2750小時。全年氣溫高，積溫多，年平均氣溫22.5～26℃。雨量充沛，有乾濕季之別，年平均降水量1500～2600公釐，雨量最多的五指山東南坡可達5500公釐以上，是世界同一緯度地區降雨最多的地方之一。受季風和颱風影響，夏秋多雨，冬春少雨，11月至翌年4月為乾季，5月～10月為雨季，常有春旱或冬春連旱。常年風大，颱風頻繁。

自然資源

海南省已發現50多種礦產資源，西北部礦產主要有鐵、銅、鈷、鉛、鋅、鎢、錫、水泥灰岩、重晶石等；東北部火山岩區有鋁土礦、鈷土礦、藍剛玉、紅鋯石、沸石、膨潤土、矽藻土等；東海岸有砂鈦礦、鋯英石、獨居石、金紅石等。其中富鐵礦、鈦、鈷、水晶、寶石、鋯英石、玻璃沙等儲量居全國首位，能源礦有石油、天然氣、褐煤、油葉岩等。海南島有一片中國十分珍貴的熱帶雨林和熱帶季雨林，各種植物達4200多種，其中特有種630多種，被列為國家重點保護的珍稀樹木有20多種。海南省的野生動物有561種，被列為國家一級保護野生動物的有13種。

見血封喉樹

見血封喉樹屬於桑科，也叫箭毒木，是國家三級保護稀有種，主要分布在海南島、雲南的西雙版納及廣西南部和廣東西部的熱帶森林中。見血封喉樹為常綠大喬木，高達40公尺，通常具有板根。花單性同株，果實為肉質，梨形，成熟時呈鮮紅色或紫紅色。見血封喉樹是本屬四種中唯一在中國有分布的，生長於海拔1000公尺以下的山地或石灰岩谷地的季雨林中。樹液劇毒，含有多種有毒物質，會引起肌肉鬆弛、血液凝固、心臟跳動減緩，最後導致心跳停止而死亡。

石斑魚

石斑魚又名海雞魚，在中國主要常見於海南、浙江、福建和廣東等省的海域，常見品種有紅點石斑魚、青石斑魚和鳳紋石斑魚等。生長於熱帶海區的石斑魚個體較大，可達4公斤，溫帶地區

常見的多在2公斤以下。石斑魚是海洋底層定居魚類，喜歡棲息在海島礁洞中，出沒於岩礁叢生的砂礫性水底，能隨水溫變化作深淺垂直移動，是肉食性的兇猛魚類，經常用突襲方式捕食，畏風浪、喜清水。

孔雀雉

孔雀雉屬於雉科，是國家一級保護動物，別名孔雀雞、金錢雞，主要分布於海南島和雲南省南部。雄鳥全長65公分左右，雌鳥約50公分。雄鳥體羽為烏褐色，

孔雀雉夜間在樹上過夜，生性機警，若受干擾即行遁去，往往只聞其聲不見其影。

密布近白色細點和橫斑，頭頂有蓬鬆的髮狀冠羽，頸後披有翎領，背、兩翅及尾均具有金屬藍帶紫色的大型眼狀斑。雌鳥羽色較暗，尾巴短，眼狀斑不明顯。孔雀雉通常棲息於海拔150～1500公尺的常綠闊葉林及竹叢中，以昆蟲和蠕蟲為主食，這種食性在雉類中很罕見。多築巢於密林中的溝谷地及山區耕地附近的次生林，巢在自然下凹的地面，每窩產卵2～5枚，偶見6枚，孵卵期21天。

海南坡鹿

海南坡鹿屬於鹿科，是國家一級保護動物，別名澤鹿，僅分布於海南島。海南坡鹿體型與梅花鹿相似而稍

坡鹿多在早晚覓食，雨過天晴時活動更為頻繁，主要食物為青草和嫩枝葉，並喜歡舔食鹽鹼土。

小，但頸、軀體和四肢更為細長。雄鹿有角，第一眉叉自基部向前側平伸出，與主幹幾乎成彎弓形。毛被黃棕色、紅棕色或棕褐色，背中線黑褐色。背脊兩側各有一列白色斑點，仔鹿的斑點尤為明顯。海南坡鹿一般棲息在海拔200公尺以下的低丘、平原地區，喜歡群居，但長角雄鹿多單獨行動。坡鹿喜歡集聚於小河谷活動，警覺性高，每吃幾口便抬頭張望。牠們食草和嫩樹枝葉，也喜歡舔食鹽鹼土。

經濟

海南省自然條件優越，1988年建省後，海南島成為經濟特區，有力促進全省的經濟發展。目前以熱帶高效農業、海洋資源加工業、旅遊業為基礎的外向型經濟正在形成，農作物以水稻為主，經濟作物有甘蔗、花生、芝麻、茶葉等，還有各種熱帶和亞熱帶水果。近海大陸棚漁場面積65萬平方公里，海產品豐富。工業有橡膠、紡織、電子、化工、製藥、造船、汽車製造和裝配、機械、建材、水產品加工、食品等部門。公路網縱橫交錯，有秀英、八所、三亞、洋浦四大港口及海口美蘭、三亞國際鳳凰兩大機場。

農業

海南省是中國最大的熱帶作物生產基地，橡膠、椰子、腰果、胡椒、咖啡等熱帶作物均有出產。橡膠種植已有近百年歷史，其中以瓊南膠區產量最高；椰子種植主要分布於文昌到三亞的瓊東沿海；糧食生產以水稻為主。海南省是中國的糖蔗主要產區之一，熱帶水果種類繁多，有「百果園」之譽，其中以鳳梨、香蕉、芒果為主。海南省是中國兩大熱帶林區之一，森林主要分布於五指山、壩王嶺、尖峰嶺、吊羅山、黎母嶺等五大林區，有熱帶珍貴樹木200餘種。海南省環島200公尺水深的大陸棚漁場面積較廣，魚蝦、貝、參、藻、蟹等漁業資源豐富。北部灣、昌化、清瀾為海南三大漁場，水產以海洋捕撈為主。白馬井為最大漁港，清瀾、三亞、博鰲、港北、新村等也是重要漁港。

工業

海南的工礦業主要集中於海口市和昌江黎族自治縣，

海南省的沿海大陸棚蘊藏著豐富的石油、天然氣資源，近年來和多個國家合作開發多處海洋天然氣田、海洋油田。

前者以橡膠、食品和電子工業為主，後者以鐵礦採掘為主。製糖業是海南省經濟的主要支柱，全省糖廠主要分布於瓊北。橡膠製品工業是海南品種比較齊全的工業部門，主要集中於海口市，少量分布在農墾系統。海南石碌鐵礦礦石品質高，為大型機械化露天礦。海南省是中國最大的熱帶海鹽生產基地，鶯歌海為最著名的鹽場。紡織工業發展較快，電子工業正在興起。

交通

海南對外運輸主要依靠海運，其中海口為全省重要港口，海口秀英港是人工港口。八所港位於瓊西，是石碌鐵礦輸出的專業港，有萬噸級泊位。三亞港是瓊南要港，有萬噸級泊位2個。儋州洋浦港是深水良港，海口、三亞和瓊海有國際機場。島內運輸以公路為主，從海口至榆林有東、中、西3條幹線公路相通，簡稱「三縱線」。從澄邁經屯昌至黃竹、那大經瓊中至萬寧、邦溪經通什至陵水、東方經樂東至天涯有東西向公路相連，簡稱「四橫線」。海南環島鐵路是全球第一條環島高鐵，分做東西環線兩條；另外，2003年1月開通的粵海鐵路是中國第一條跨海鐵路。

✈ 旅遊地理

海南省地處熱帶，適宜的氣候和優良的沙灘使漫長的海岸線上遍布理想的海濱浴場和避暑佳處，如鹿回頭、大東海、天涯海角、秀英海灘、東郊椰林、高隆灣、亞龍灣、日月灣等。海南沿海還有世界上保存最完好的死火山口——馬鞍嶺火山口，和中國面積最大的海塗林——東寨港紅樹林。尖峰嶺、五指山、東山嶺，南渡江、萬泉河、南清河，百花嶺瀑布、太平山瀑布構成海南旖旎的熱帶山水風光。官塘、興隆、藍洋的溫泉，陵水的猴島，五公祠、瓊台書院、東坡書院也是海南的旅遊勝地。

天涯海角

天涯海角位於三亞市（古稱崖州）境內，東自羊欄桶井大兵橋起，西至天涯鎮派出所，北靠下馬嶺，南沿海岸，西南向海洋延伸至1.5海里處，總面積10.7平方公里。古時這裡交通閉塞，人跡罕至，瘟疫蔓延，被貶謫的罪臣和被發配充軍的人來到這裡，向前看是大海茫茫，向後看是故鄉萬里，前後都無路可走，所以慨歎此地為「天涯海角」。天涯海角海畔沙灘銀白，上面奇石參差錯落。

東郊椰林風景區環境優美，海水清澈，是天然海水浴場，可推展各種沙灘運動和水上活動。

亞龍灣

亞龍灣位於三亞市東南面25公里處，面積141平方公里，其中陸地面積78平方公里，海域面積63平方公里。該灣三面青山相擁，南面呈月牙形向大海敞開。泳場沙灘長度為7公里，灘長、灣闊，灣內終年保持風平浪靜，沙子潔白如玉，細緻柔軟。淺海區水深50～60公尺，海水清澈分層，能見度8～10公尺。年平均氣溫25.5℃，平均年日照時間2760小時，海水溫度22～25℃。這裡終年可游泳、潛水，是絕佳的海水浴場，被譽為「天下第一灣」。

東郊椰林

東郊椰林位於文昌市東郊鎮的建華山椰林灣，占地26.5平方公里，有「文昌椰子半海南，東郊椰林最風光」之說。這裡有紅椰、青椰、黃椰，還有良種高椰、矮椰、水椰等不同品種，共50多萬株，綠椰林、白沙灘、藍海灣構成東郊椰林獨特的熱帶自然風光。「椰子文化」是這裡最吸引人的地方，大到桌、椅、門、窗，小到勺子、茶罐，無一不是椰木椰殼製成。

白石嶺

白石嶺位於距瓊海市加積鎮12公里處的萬泉河畔，山上樹木鬱秀，佳景雲集，自古以來就享有盛名。白石嶺巍峨挺拔，懸崖峭壁，險峻異常，狀如臥龍，每當雲霧遮掩，山峰忽隱忽現，變化萬千。東西南北峰，各峰景色自成一家。白石嶺諸峰中以東峰最為高峻，海拔328公尺，是自古以來登高的佳境，故又叫登高峰。白石嶺有崆峒篩風、石柱擎天、翠屏擁月、金鐘駕天、青獅眺目、蒼牛噴霧、花崗蔚彩、碧沼儲雲等八景。「石柱擎天」是八景中的最佳景觀，石柱高聳入雲，環境幽清純靜。近年來，白石嶺還開展了登山、攀岩等體育休閒活動。

天涯海角。

南灣猴島

　　猴島位於陵水新村港對面的南灣半島，是中國唯一的獼猴保護區，三面環海，屬熱帶、亞熱帶氣候，生長著大片闊葉灌木叢林。12個大小不一的山頭上岩洞無數，是獼猴生長、繁衍的天堂。獼猴又叫「恆河　猴」，伶俐活潑，體長55～60公分。島上有猴群30多群，各由「猴王」率領，常下山與遊人嬉鬧取食。

Travel Smart

天涯海角

　　相傳，「天涯」、「海角」兩塊石崖是一對男女所變。他們原本在內地青梅竹馬，彼此約定如果生不能在一起，死後也要變成石崖，並肩而立，永不分離。但是他們卻被父母拆散，於是相約私奔。當他們來到海邊無路可走時，發現有人追來，這對青年戀人互相擁抱，雙雙投海。此時風雨大作，雷電交加，轟的一聲就把這對情人分開，兩人立地變成石崖，追兵也變成大小石塊，把他們隔開。

亞龍灣海灘沙粒潔白細膩，海水清澈透明。這個極富夢幻色彩的海底世界，是中國最佳的潛水勝地。

熱帶海底世界

經典座標

　　海南島沿海海灣海水常年溫度宜人、毫無污染，海底有五顏六色的珊瑚礁、熱帶魚以及種類繁多的貝類和海底生物。尤其是亞龍灣、大東海等處海水清澈，透明度6～10公尺，被國際潛水專家認為是南太平洋最適宜潛水的旅遊勝地。寧靜海面下的礁石上是異彩紛呈的珊瑚，有的像高高昂首的雞冠花，有的像含苞待放的芙蓉，有的像掌片伸展的仙人掌，有的像嫵媚無比的牡丹，有的像粲然盛開的菊花，有的像迎霜傲雪的臘梅，多姿多彩，鮮豔奪目。

　　在五彩繽紛的珊瑚世界裡，還可看到蝴蝶魚、珊瑚魚、閃電魚、喇叭魚、天使魚、石頭魚、雞泡魚、小丑魚、大水母、海葵、龍蝦等令人眼花繚亂的海底動物。蝴蝶魚游動的時候，在水中會忽閃忽現地發出悅目的光彩。閃電魚全身蔚藍，游動時若隱若現，非常惹人注目。紅色的小丑魚悠閒地在珊瑚叢中游來逛去，遠遠望去就像一團燃燒著的火苗。個體很小的五線葉蝦虎魚和紅點蝦虎魚在珊瑚叢間穿來穿去，游進游出，一旦遇到危險就躲在珊瑚枝丫中。

海南省有面積廣闊的海域，神秘莫測的
海底世界，種類繁多的海洋生物和得天
獨厚的潛水條件。

海葵

壹　海底第一螺

　　鸚鵡螺被稱為海底第一螺，是一種極珍貴的貝類，外觀很像鸚鵡的頭，因此得名。鸚鵡螺的進化始於距今2.5億年前的古生代，同時代的很多生物歷經滄海桑田後都滅絕了，而鸚鵡螺卻頑強地生存下來。牠強大的生命力得益於牠可以在含氧低的海水中生存好幾天，甚至能在無氧的情況下生存幾個小時，這種調節缺氧的特殊本領加上生長緩慢、低能耗的生存方式，使鸚鵡螺成為海洋動物中的長壽者。

貳　奇妙的珊瑚

　　玲瓏剔透、色彩繽紛的珊瑚是大自然的「美女」，中國南海的漁民把珊瑚稱為「海石花」。珊瑚是一種海洋動物，和海蜇、海葵一樣是腔腸動物，牠的身體分內外兩層，外層是骨骼，內層是軟肉。成千上萬的珊瑚聚集在一起，從海中獵取浮游動物、吸收營養、不斷地生長繁殖，並從身上分泌出一種石灰質，構成保護身體的骨骼。珊瑚死亡後，牠們的石灰質外骨骼經過千百年的沉積便形成了美麗的珊瑚礁。

斑斕的海底世界

小丑魚

121

西南

西南 重慶

🌐 行政區劃

重慶市簡稱渝，原為四川省的一部分，1997年成為中國的第四個直轄市。東鄰湖北、湖南兩省，南靠貴州省，西依四川省，北接陝西省，位於北緯28°10`～32°13`、東經105°11`～110°11`。面積8.23萬平方公里，轄26個區、8個縣、4個自治縣，市政府駐渝中區。

渝中區

渝中區為重慶市政府駐地，位於市區東南部，長江、嘉陵江交匯處，面積22平方公里，人口63萬。境內地形狹長，雨量充沛，擁有長江上游最大的客、貨運港口和重慶火車站。工業以交通機械、電子通信器材、印刷、建築業、交通運輸、郵電通訊、批發零售貿易、餐飲業、金融保險、房地產為主。境內有紅岩革命紀念館、曾家岩分館、周公館、桂園、《新華日報》營業部舊址，還有東周巴將軍蔓子墓、羅漢寺、清真寺等古蹟。

涪陵區

涪陵是重慶中部的政治、經濟、文化中心，長江上游重要的樞紐港之一，烏江流域的物資集散地。因境內烏江古稱涪水，巴國先王陵墓多建於此而得名。全區面積2946平方公里，總人口116萬。涪陵是重慶主城區連結渝東20個區縣的城鄉經濟走廊，素有「烏江門戶」之稱。渝懷鐵路、渝利鐵路、國道319線及沿江高速公路穿越涪陵境內，涪陵北站有高鐵。涪陵港處於長江、烏江交匯點，境內河流縱橫，呈樹枝狀分布，是重慶的黃金水道和物資集散中心，已

實現江海聯運，可直通海外。涪陵區工業發展較快，效益較好。榨菜、水牛、紅心蘿蔔是聞名海內外的三大特產，涪陵有「榨菜之鄉」的美名。境內有被譽為「水下碑林」的國家一級保護文物白鶴梁，這是世界上最古老、保存最完整的水文站。北岩寺點易洞是程朱理學的發源地。

江津區

江津區為中國的商品糧、柑橘、瘦肉型豬生產基地，位於市境西南部，面積3200平方公里，人口123萬。境內地勢南高北低，日照充足，雨量充沛，有天然氣、石灰石、沙金等礦產資源。210國道和成渝、川黔鐵路橫貫市境，江津長江公路大橋連接成渝高速公路。長江、綦河等33條河流呈葉脈狀分布，蘭家沱、貓兒沱、朱楊溪為中國西南地區水陸聯運的中轉港。工業以建材、輕紡、機械、食品為主導，主要產品有水泥、柴油機、皮革等。農牧產品以稻穀和生豬為主。

江津區的四面山風景區。

位於渝中區的人民大禮堂，已成為重慶的標誌性建築物。

125

萬州區

萬州區是渝東「水上門戶」，長江沿岸主要港口城市，長江上游著名商埠。地處三峽庫區腹地，面積3457平方公里，人口175萬人。萬州區地處四川盆地東部，盆東平行嶺谷區北段東緣。農業主產水稻、玉米、小麥、薯類，牧副業以養殖生豬、山羊、蠶繭為主，為中國的柑橘、山羊板皮、商品牛基地。有食品、化工、紡織、電力、皮革、建材等工業門類，輕工業比重大，占工業總產值的2/3。萬州區為渝東、湘鄂西、陝南、黔北的物資集散地，有「萬商之城」的稱譽。

奉節白帝城。

👤 人口、民族

重慶市常住人口2884萬，以漢族為主體，此外有土家、苗、回、滿、彝、壯、布依、蒙古、藏、白、侗、維吾爾、朝鮮、哈尼、傣、傈僳、佤、拉祜、水、納西、羌、仡佬族等49個少數民族。少數民族人口總數為175萬人，占全市人口總數的5.6%。少數民族最多的土家族113萬人、苗族約52萬人，主要分布在重慶市域東南的4個民族自治縣及黔江區和涪陵區。除土家、苗族外，人口達到1000人以上的少數民族有回、蒙古、彝、滿、藏、侗族等，其中回族8000多人，主要散居在重慶市區和萬州區。

🏛 歷史文化

南宋孝宗皇子趙惇於淳熙十六年（1189）正月被封為恭王，二月受禪即帝位，自詡「雙重喜慶」，改封地恭州為重慶府，重慶由此得名。早在距今約3萬～2萬年前的舊石器時代末期，就有人類生活在這裡。西元前11世紀商周時期，巴人以重慶為首府，建立了巴國。儒家思想的重要組成部分——程朱理學就發源於此，歷代詩人如李白、杜甫、劉禹錫、蘇軾、陸游等，也都在這裡寫有許多膾炙人口的名篇佳句。現在的重慶火鍋、銅梁火龍、綦江農民版畫等也都是巴渝人創造的獨具魅力的文化現象。

白帝城託孤

章武元年（221）4月劉備在成都稱帝，建立蜀漢政權。7月，劉備為給二弟關羽報仇雪恨，不顧諸葛亮及文武群臣的勸阻，率領全蜀軍隊進攻荊州。結果吳將陸遜利用劉備選擇軍隊駐紮地點的失誤，火燒蜀軍連營700里。劉備大敗而回，收集殘兵後退守白帝城（今奉節縣內）。章武三年（223）4月，劉備病情加重，自知不久於人世，於是召諸葛亮等大臣到白帝城永安宮。病榻上，劉備把遺詔遞給諸葛亮，邊哭邊拉著他的手將劉禪和蜀漢政權託付予諸葛亮。諸葛亮痛哭流涕，表示將「盡忠貞之節，死而後已」。劉備還讓自己的兒子拜見諸葛亮，要求他用對待父皇的禮儀對待他，諸葛亮更加感恩戴德。劉備又對在場的文臣武將一一進行囑託，之後才安心地離開人世。

釣魚城保衛戰

宋淳二年（1242），重慶知府余玠為抗擊蒙古侵略，開始在嘉陵江南岸的釣魚山上建築釣魚城。1258年，蒙哥大汗分兵三路伐宋，並親自率領一路軍馬進犯四川，在短短的10個月內佔領成都以及川西北的眾多府州。1259年2月蒙哥大汗攻到合川釣魚城，遭到釣魚城主將王堅和副將張珏的頑強抗擊，接連幾個月都無法攻克。7月，蒙哥向城內發起強攻，結果被城上的火炮擊傷，後來因為傷勢過重，逝於溫泉寺內。在蒙古貴族爭奪汗位的長期內亂中，宋王朝因此得以殘存20多年，歐亞大陸的戰火暫時得到緩解，非洲也免除被蒙古佔領的命運，釣魚城因此被歐洲人譽為「上帝折鞭處」。

重慶談判

抗日戰爭勝利後，國民黨為贏得內戰的準備時間和爭取政治上的主動，於1945年8月三次電邀中國共產黨領導人毛澤東赴重慶共商國事。8月28日，毛澤東、周恩來、王若飛在美國駐華大使和國民黨代表的陪同下飛抵重慶，29日談判開始。在長達43天的談判中，中共代表與國民黨代表先後就和平建國的基本方針、政治民主化、人民自由、黨派合法、地方自治、軍隊國家化、解放區地方政權等12個方面的問題進行了反覆磋商。10月10日，雙方簽署了《政府與中共代表會談紀要》（即雙十協定），11日毛澤東返回延安，周恩來等留在重慶繼續談判召開政治協商會議等問題。

毛澤東和蔣介石在重慶。

🏔 地貌

重慶市山多河多，地勢沿河流、山脈起伏，形成南北高、中間低，從南北向河谷傾斜的地貌，構成以山地、丘陵為主的地形狀態。重慶地形高低懸殊，地貌結構複雜，主要有四大特點：一是地勢起伏大，最高處大巴山的川鄂嶺海拔2796.8公尺，最低處巫山長江水面海拔73.1公尺；二是地貌類型多樣，有中山、低山、丘陵、台地和平壩等幾大類；三是地貌形態組合的地區差異明顯；四是岩溶地貌大量分布。在背斜條形山地中發育了渝東地區特有的岩溶槽谷景觀，在東部和東南的岩溶山區則分布著典型的石林、峰林、窪地、鐘乳洞、暗河、峽谷等岩溶景觀。

釣魚城石刻。

小寨天坑。

小寨天坑

　　小寨天坑位於距奉節縣城91公里的荊竹鄉小寨村，天坑在地理學上叫「岩溶漏斗地貌」。小寨天坑坑口地面標高1331公尺，深666.2公尺，坑口直徑622公尺，坑底直徑522公尺。坑壁四周陡峭，在東北方向峭壁上有小道通到坑底。坑底下邊有自天井峽地縫流來的地下河，河道長約4公里，從迷宮峽排出。小寨天坑就是這個地下河的一個「天窗」，被洞穴研究專家評為「天下第一坑」，屬當今世界的洞穴奇觀之一。

天井峽地縫

　　天井峽地縫位於小寨村附近的興隆鎮境內，全長14公里，分上、下兩段。上段從興隆場大象山至遲谷槽，長約8公里，為隱伏於地下的暗縫。由興隆場大象山天井峽能進入縫底，通行長度為3.5公里。縫深80～200公尺，底寬3～30公尺，縫兩壁陡峭如刀切，是典型的「一線天」峽谷景觀。

天井峽地縫。

水系

　　重慶市境內江河縱橫，水網密布，長江幹流從地域中部自西南向東北橫穿全境，在境內與南北向的嘉陵江、渠江、涪江、烏江、大寧河等五大支流及上百條中小河流，構成近似向心狀的輻合水系。除長江及其主要支流嘉陵江、烏江之外，還有流域面積在3000平方公里以上的河流10條，流域面積在30～50平方公里以上的河流436條。主要河流有長江、嘉陵江、烏江、涪江、任河等，其中除了任河是注入漢水以外，其餘均屬長江水系。

嘉陵江

　　嘉陵江是長江北岸的主要支流之一，自北向南縱貫四川盆地中部，於重慶市朝天門碼頭注入長江，全長1120公里。嘉陵江流域自北向南的幹流與涪江和渠江在合川附近匯合，構成巨大的扇形向心河網。嘉陵江流域東北以秦嶺、大巴山與漢水為界，東南以華鎣山與長江相隔，西北有龍門山與岷江接壤，西及西南有一低矮的分水嶺與沱江毗連，流域面積16萬平方公里，在長江各大支流中居首位。嘉陵江流域大部分屬亞熱帶濕潤季風氣候，徑流由降雨補給，水量豐沛。由於嘉陵江流域形狀略似扇形，洪水向心匯流，加劇漲勢，常常產生嚴重洪災，特徵是歷時短、洪峰高。流域內水產資源豐富，魚類繁多，有146種，還盛產龜、鱉等。

磨灘瀑布

　　磨灘瀑布位於歇馬鎮磨灘，又因地處龍風溪盡頭的高坑岩，故又名高坑岩瀑布。它是溪水橫切堅硬的沙岩而成的巨大跌水，高近34公尺，寬約60公尺。枯水期瀑掛崖前，懸空飄灑，裊裊下瀉；發洪水時，洪流以排山倒海之勢，飛流直下，十分壯觀。瀑下有一深潭，水深10多公尺，碧波蕩漾，清澈見底。另外，在磨灘瀑布之下幾百公尺處，還有一道小坑岩瀑布，高8公尺，寬40公尺，瀑上建有連通兩岸的石橋一座。瀑下江寬水平，江心有沙洲，洲上有雀鳥棲息。

蜿蜒流過市區的嘉陵江。

氣候

重慶市氣候特點為「春早氣溫不穩定，夏長酷熱多伏旱，秋涼綿綿陰雨天，冬暖少雪雲霧多」，年平均氣溫為18℃。7月至8月份氣溫最高，多在27～38℃之間，常出現連晴高溫，最高極限氣溫可達43.8℃，與武漢、南京同為長江流域的三大「火爐」城市之一。重慶雨季集中在夏秋，年降雨量為1000～1100公釐。重慶市常日晴夜雨，有「巴山夜雨」之説。重慶秋、冬多霧，年均霧日達百天以上，有「霧都」之稱，也是中國日照最少的城市之一。

自然資源

重慶市探明儲量的礦產有25種，其中天然氣儲量3200億立方公尺，是中國重點開採的大礦區；鋁土、岩鹽、鍶礦儲量均居全國第一位。重慶是中國生物物種較為豐富的地區之一，有維管束植物2000種以上，和1.6億年以前的「活化石」水杉及伯樂樹、飛蛾樹等世界罕見的珍稀植物。重慶還是中國重要的中藥材產地之一，大面積的山區生長著數千種野生和人工培植的中藥材。珍稀野生動物主要有毛冠鹿、林麝、大靈貓、水獺、雲豹、獼猴、紅腹錦雞等。

紅腹錦雞。

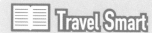 Travel Smart

山城火鍋

山城火鍋是重慶的風味小吃，以水牛毛肚（牛胃）、牛腰、牛肝、黃牛背柳肉、豬肉、豬肝、豬腦花、鴨血、鱔魚片、豌豆尖等為原料，在由肉湯、牛油、郫縣豆瓣、川鹽、冰糖、辣椒末、花椒、薑末、料酒等配製而成的紅湯鹵水中自煮自涮而食，具有麻、辣、鮮、嫩等特色。山城火鍋店鋪遍布全城，一年四季顧客滿座，成為展現居民飲食情趣的代表性風味小吃，故有「到山城不吃火鍋，等於沒到重慶」之説。

紅腹錦雞

紅腹錦雞俗稱金雞、山雞，為國家二級保護動物。雄鳥頭部至頸部具有金色絲狀羽冠，披肩為橙棕色，上背濃綠色，餘部金黃色，下體通紅，脖頸下面有個水囊，是專門用來盛水的；雌鳥全身羽色以棕色為基調。紅腹錦雞是中國特產，生活在多岩的山坡，出沒於矮樹叢和竹林間，主要棲息在常綠闊葉林、常綠落葉闊葉混交林及針闊混交林中。牠們善奔走，飛翔急速、靈敏，能在密林中飛行自如。聽覺、視覺均比較敏銳，性情機警，受驚時多急飛上樹隱沒。每年3月～6月為繁殖期，每窩產卵5～9枚，孵卵期為22天。

🏠 經濟

重慶市憑藉長江「黃金水道」之便，依託豐富的資源和廣闊的市場，從漢代起就成為長江上游的工商業重鎮，如今更發展為集重工業、輕工業、貿易等為一體的產業齊備、門類繁多、自成體系的經濟、政治和文化中心城市，也是西南地區科學技術力量最強的城市。重慶既是大城市，又是「大農村」，農業和農村經濟在全市經濟中占有舉足輕重的地位。它既是中國重要的商品糧食基地和著名的肉豬商品基地，還是中國西南地區的交通和郵電通訊樞紐。

農業

重慶市主產稻穀、小麥、玉米等，農副產品種類繁多，生豬、柑橘、蠶繭、菸葉、茶葉等產品產量在全國各大城市中居領先地位，梁平柚子、奉節臍橙、忠縣豆腐乳等特產均聞名全國。傳統手工藝品有開縣竹編、梁平竹簾、城口木製漆碗和茶具等。

工業

重慶市工業門類齊全，是中國老工業基地和國防工業集中的地區。以機械、冶金、化工、儀錶為主，是中國重型汽車、摩托車、微型汽車、鋼鐵、鋁材、大型自動化儀錶生產基地之一，還有機電設備、電子通訊等六大優勢行業。

交通

重慶城環水依山，地貌起伏有致，溝多坡陡，城市的立體交通發展很快。近20

江津梯田。

年來，先後建成了長江公路大橋、嘉陵江石門公路大橋、長江李家沱公路大橋和豐（酆）都、涪陵、萬州、江津長江公路大橋；新闢了長江、嘉陵江沿江大道和貫通全市、連通全國的高等級公路；新建或改建了國際機場、火車站、客運碼頭；開設了通往城區各處及郊區的公共電車、汽車線路140多條，每天發出車次近萬班；並修建了適應山城獨特立體交通的配套設施，有長江、嘉陵江客運過江索道、朝天門碼頭纜車、菜園壩扶梯、凱旋路電梯，以及南山、歌樂山、南泉觀景索道等。重慶還是中國西南部地區水、陸、空交通樞紐，每天有各航班往來於國內各大城市，並有通往國外的不定期航班；有各運輸船舶公司的豪華涉外旅遊船、旅遊班輪和普客班輪航行於重慶至上海的長江沿岸城市港口；有19對始發旅客列車往來於北京、上海、廣州、昆明、成都、西安、鄭州等全國主要城市，並將建成米字型的高鐵網；還有豪華空調汽車和長途汽車往返於成都、宜賓、樂山等周邊城市。

✈ 旅遊地理

重慶市面積不大，山水勝景卻不少，四面山、縉雲山、金佛山是中國重點的風景名勝區，山城風光更是著稱於世。著名的長江三峽中的西陵峽、巫峽二峽就位於境內，還有可與長江三峽相媲美的大寧河小三峽。江津四面山的望鄉台瀑布不遜於黃果樹瀑布，高152公尺，寬40公尺，居中國高瀑之首。萬盛石林的自然造化也不遜於雲南石林，號稱中國第二大石林。詭譎幽冥的豐都鬼城，輝煌壯觀的芙蓉洞，折「上帝之鞭」於城下的釣魚城，氣勢磅礴、精美典雅的大足石刻等都是重慶引以為自豪的景觀。

豐都鬼城

豐都舊名酆都，位於距重慶市172公里的長江北岸，是一座以神奇傳說而著稱的文化古城，堪稱「中國神曲之鄉」。相傳西漢的王方平和東漢的陰長生兩人曾先後於平都山潛心修煉成仙，故道家把這裡列為道家七十二洞天福地之一。後人將「王、陰」讀作「陰、王」，訛傳為「陰間之王」，豐都也就成了「鬼都」。《封神演義》、《聊齋志異》等古典名著都將豐都描寫為「陰曹地府」、「鬼國幽都」，唐代大詩人李白「下笑世上士，沉魂北豐都」的詩句更使鬼城之名遠揚。豐都山上林木蒼翠，殿閣森嚴，祥雲籠罩，素有巴渝名勝之稱。

豐都鬼城。

寶頂山臥佛。

自唐以來陸續建造了40多座廟宇，儒、釋、道兼備，有天子殿、大雄寶殿、無常殿、望鄉台、鬼門關、黃泉路、二仙樓、奈何橋等，模擬人間的法庭和監獄等，以封建社會的統治模式營造出一個陰森恐怖、等級森嚴的「陰曹地府」，神祕怪誕。

芙蓉洞

芙蓉洞位於武隆縣江口鎮4公里處的芙蓉江畔，專家評為「世界奇觀，一級洞穴景點」和「一座地下藝術宮殿和洞穴科學博物館」。主洞長2700公尺，總面積3.7

萬平方公尺，其中「輝煌大廳」面積1.1萬平方公尺，最為壯觀。洞內鐘乳石類型幾乎包括世界各類洞穴近30餘個種類的沉積特徵，其中有寬15公尺、高21公尺的石瀑和石幕，光潔如玉的棕桐狀石筍，粲若繁星的捲曲石和石花等，其數量之多、形態之美、質地之潔、分布之廣，實屬罕見。淨水盆池中的紅珊瑚和犬牙狀的方解石結晶更是珍貴無比。

大足石刻

大足石刻是對大足縣境內石刻的總稱。大足縣距重

中山古鎮。

大足石刻開鑿於晚唐景福元年，造像達五萬多個，以寶頂山和北山石刻最為著名。寶頂山石刻又以大佛灣和小佛灣規模最大。大佛灣為馬蹄形山灣，其東、南、北三面崖壁上雕刻有大小造像一萬多尊。整個造像群猶如展開的長卷圖畫。圖為寶頂山大佛灣的一部分。

慶市區約160公里，是石刻之鄉，縣內有唐、宋以來的石刻作品70餘處，造像達5萬多個，其中以寶頂山和北山石刻最為著名。大足石刻興起於唐代，南宋時期達到鼎盛，以摩崖造像為主，是中國南方僅有的儒、道、釋三教造像並陳的石刻群。大足石刻雕塑纖細、清秀、瀟灑、柔和，以其豐富的內容、宏大的規模和精湛的藝術，在宗教、藝術、文化史上占有重要地位，是一座難得的文化藝術寶庫。

嘉陵江小三峽

嘉陵江小三峽以北碚為中心，從巨梁灘到巴豆林，由瀝鼻峽、溫塘峽、觀音峽組成，全長27公里，俗稱「小三峽」。上為瀝鼻峽，又稱牛鼻峽、銅口峽，位於合川鹽井鎮一帶，全長3公里。峽中江流湍急，水深莫測，峽岸群峰高聳，峻峭幽深，有巨梁灘、獅子墳、笑和尚、牛鼻洞、猴子石、磨子沱等綺麗景觀。中是溫塘峽，又稱溫泉峽、

溫湯峽，處於縉雲山段，全長2.7公里。古時峽口建有溫泉池，稱為溫塘，故名。入峽江水咆哮奔騰，漩渦疊生，氣勢磅礴；峽壁兩岸相距不過200公尺，懸崖挺立，猶如刀鑿斧削；峽岩之腰，泉如湯湧，雲根竇生，景色秀麗，為小三峽之冠。下有觀音峽，又名文筆峽，全長3.7公里。峽口岸邊有巨石屹立，形如石笋，俗稱文筆石，旁邊懸崖高處有一古刹，名觀音閣，峽以閣得名。觀音峽兩岸絕壁萬仞，怪石嶙峋，江水蜿蜒曲折，為嘉陵江小三峽中最險峻的一個峽。

大足石刻千手觀音像。

三峽棧道

三峽峽谷之中到處可見絕壁上的棧道，全長50～60公里。瞿塘峽段從奉節縣草堂河口東岸起，至巫山縣大溪對岸的狀元堆山，長約10公里；巫峽段從巫山縣對岸起，至重慶、湖北交界處的青蓮溪止，長30公里；其餘則零星分布在西陵峽中。棧道包括道路、石橋、鐵鏈、石欄等，高出江面數十公尺。資料記載，棧道鑿成後，路面較為寬闊，後來由於岩石的風化才變得較窄。過去每至洪水季節，川江便禁航，交通十分不便。直到清光緒十四年（1888），三峽人民在絕壁上開鑿出棧道。三峽工程蓄水後，三峽古棧道將被長江淹沒。

懸棺

在三峽兩岸的懸崖峭壁上，凌空架放著不少大木匣子，據考古學家考證，這是古代越族人的懸棺。越族人是中國古代的一個少數民族，大約在春秋前後定居在重慶地區以及川東南、滇東、黔西北一帶。明朝時越族人反對政府推行的「改土歸流」政策，結果14萬明軍於明萬曆元年（1573）圍剿越族人，第二年又大力搜捕藏匿在深山裡的越族人。此後，越族人便從歷史上消失了。懸棺成為越族人留下來的遺跡，具有極高的文化價值。

📖 Travel Smart

神女峰的傳說

關於神女峰，流傳著兩個美麗傳說。一說神女峰是西王母幼女瑤姬的化身，傳說瑤姬因為厭煩了在天宮寂寞的生活，私自下凡，幫助大禹治水，並自願留在水急灘險的巫峽為行船導航，久而久之她便化作一座山峰，永遠成為過往船隻的航標。另一說始見於戰國楚人宋玉所寫的〈高唐賦〉和〈神女賦〉，賦中說神女為巫山之女，高唐之姬，住在巫山之陽、高丘之上，旦為朝雲，暮為行雨。唐人孟郊〈巫山曲〉中「荊王獵時逢暮雨，夜臥高丘夢神女」的詩句，便出於此。優美的神話傳說為神女峰增添了無窮的魅力。

古時候的船隻逆流而上時都需要外力牽拉，三峽棧道就是為了便於縴夫拉縴而開鑿的。

三峽

經典座標

　　長江三峽是世界知名的以峽谷水道為主的河川風景名勝區，為三座峽谷的總稱，由西向東依次為瞿塘峽、巫峽、西陵峽。三峽西起重慶市奉節縣的白帝城，東至湖北省宜昌市的南津關，跨奉節、巫山、巴東、秭歸、宜昌五縣市，全長193公里。

　　瞿塘峽西起白帝城，東至巫山大溪，長約8公里，是三峽中最短最窄的，有夔門、粉壁牆、孟良梯、古棧道、盔甲洞、犀牛望月、風箱峽、大溪文化遺址等景點。

　　巫峽西起巫山大寧河口，東到湖北官渡口，全長約44公里，是三峽中最完整的峽谷。兩岸為著名的巫山十二峰，江北由西向東依次為登龍、聖泉、朝雲、神女、松巒、集仙六峰；江南為淨壇、起雲、飛鳳、上升、翠屏、聚鶴六峰。十二峰以登龍峰最高，海拔1210公尺；神女峰海拔940公尺，又名望霞峰，最為俏麗也最為有名，通常人們把它看作巫山的象徵。此外，巫峽還有孔明碑、鐵棺峽等景點。北岸有大寧河，還有由龍門峽、巴霧峽、滴翠峽組成的大寧河小三峽。

　　西陵峽西起秭歸香溪口，東止宜昌南津關，全長約76公里，是長江三峽中最長的峽谷。有兵書寶劍峽、牛肝馬肺峽、崆嶺峽、黃貓峽、燈影峽、青灘、泄灘、崆嶺灘等名峽險灘和黃陵廟、三游洞、陸游泉等古蹟，地形險峻、風光綺麗、氣勢磅礴、獨具風情。

三峽風光

瞿塘峽

長江三峽是長江沿線最為壯麗雄奇的
山水畫廊。

西陵峽

三峽夔門

🌏 行政區劃

四川省簡稱蜀或川，宋時境內先置有川峽路，後又分川峽路為益州路、利州路、梓州路、夔州路，總稱為四川路，因而得名四川。位於北緯26°03`～34°19`、東經92°02`～108°31`，地處中國西南部，東鄰重慶，南接雲南、貴州，西界西藏，北連甘肅、陝西、青海。四川省是西南、西北和華中三大地區的結合部，面積48.5萬平方公里，轄18個地級市和阿壩藏族羌族自治州、甘孜藏族自治州、涼山彝族自治州，以及52個市轄區、17個縣級市、110個縣和4個自治縣，省會成都市。

成都市

成都市簡稱蓉，是中國歷史文化名城，位於省境中部，是西南重要的經濟、文化、商貿、金融中心，和交通、通訊樞紐。面積12390平方公里，人口1591萬，民族以漢族為多，有回、蒙古、藏、苗、彝、滿、土家等44個少數民族。轄11區4縣，代管5個縣級市。從戰國時期秦國置蜀郡起，成都一直是各朝代的州、郡、縣治所。境內地勢差異顯著，西北高，東南低，屬亞熱帶濕潤季風氣候，溫暖濕潤，四季分明。工業產品以量具刀具、電子元件、無縫鋼管著稱，有各類學校3800餘所。

廣元市

廣元市是四川盆地北部最大的物質中轉站和重要工礦區，位於省境北部，東北與陝西省交界，西北與甘肅省接壤，距省會成都250公里。面積16314平方公里，轄3區4縣，人口263萬，以漢族為多，有回、滿、羌等23個少數民族。境內地勢北高南低，北部為中山，中部為米倉山走廊，南部為低山、丘陵。嘉陵江、白龍江、東河等河流由北向南過境，呈樹枝狀分布，屬北亞熱帶季風氣候。主要礦藏為煤、沙金、鐵、石灰石、大理石、鋁土，工業以水電、採礦、電子、機械、建材、紡織、化工、食品加工為主。高鐵正加快建設，廣元機場、廣元港也已投入營運。

自貢市

自貢市是中國最大的井鹽生產基地,為中國歷史文化名城。位於省境南部,面積4373平方公里,人口327萬,民族以漢族為多,有回、苗、彝等37個少數民族,轄4區2縣。自貢有近2000年的產鹽歷史,被稱為「鹽都」,又以「恐龍之鄉」享譽中外。境內地形屬低山丘陵河谷地,地勢西北高東南低,主要河流有沱江、釜溪河、旭水河、越溪河。自貢屬亞熱帶季風濕潤性氣候,溫暖濕潤,四季分明。礦藏資源主要有天然氣、鹽鹵、煤等,工業產品有電碳製品、平板玻璃、原鹽等。交通有內宜高速公路貫通南北並與成渝高速公路相接。

攀枝花市

攀枝花市是中國西南重要的鋼鐵、釩鈦、能源基地,位於省境西南部,距省會成都512公里。面積7440平方公里,轄3區2縣,人口123萬,以漢族為多,少數民族有彝、傈、苗、納西等35個。地處攀西裂谷中南段川滇交界處,屬於南亞熱帶高原季風型立體氣候,乾雨季分明。成昆鐵路和108國道過境。礦產資源十分豐富,釩和鈦的儲量居全國第一。境內生長的2.7億年前遺留下來的攀枝花蘇鐵,被譽為「巴蜀三寶」之一。

二灘水電站位於四川省攀枝花市米易縣和鹽邊縣境內雅礱江下游河段上,距攀枝花市46公里,是以發電為主的綜合利用水利樞紐。

👤 人口、民族

四川省是中國人口密度較大的省區,人口達8262萬(2016年),省內東、西部人口的地理分布很不平衡,西部高原山地人口不足全省總人口的6%,而盆地底部每平方公里在500人以上。四川也是中國多民族省區之一,除漢族外,有彝、藏、土家、苗、羌、回、蒙古、滿、傈僳等52個少數民族。其中,彝族87%集中在涼山彝族自治州,是全國最大的彝族聚居區;藏族絕大部分居住在甘孜、阿壩兩州;羌族集中分布在阿壩州茂縣及其鄰近縣,是中國唯一的羌族聚居區;苗族主要分布在川東南。

羌族

羌族主要分布在四川省阿壩藏族羌族自治州和北川縣等地,人口30.95萬(2010年),主要居住在山區。羌族自稱「爾瑪」,意為「本地人」,其族源可溯至3000多年前的古羌人。羌語屬漢藏語系藏緬語族羌語支,一說為藏語支。羌族分南、北兩個方言,每個方言又分五個土語,無本民族文字。族人主要經營農業,養羊業較發達。

羌族姑娘正在繡腰帶。羌族傳統的手工業有刺繡、挑花,圖案新穎,古樸大方。心靈手巧的羌族婦女挑花無需圖稿,信手即興繪成各種美麗的圖案。

🏛 歷史文化

四川省有人類活動的歷史可以追溯到200萬年以前,據考古發掘,當時的巫山人就在這裡開始了中國古人類最早的直立行走。即使從蠶叢、魚鳧開創古蜀國開始算起,至今也已有4500餘年的文明史。西元前250年,李冰修建都江堰,從此四川水旱從人,物華天寶,號稱「天府之國」,發達的經濟也鑄就了燦爛的歷史文化。在漢末,諸葛亮鞠躬盡瘁治理蜀漢;在唐代,浪漫主義詩人李白從江油仗劍遠行。後世的諸如蘇軾、張大千等在中國歷史上頗具影響力的詩人、畫家紛紛從四川走向全國,在歷史上寫下了各自輝煌的篇章。

三星堆出土的青銅立人像。

三星堆

相傳四川人的始祖是蠶叢,後面有柏灌、魚鳧,再後是杜宇、開明。杜宇、開明時期有較多實物依據可證明,但是蠶叢及魚鳧這段歷時數千年的歷史,一直被認為是神話。1929年在四川省廣漢縣三星堆,當地農民發現400多件古玉器,從此揭開三星堆古蜀文化的神祕面紗。直到現在,考古發掘工作仍未結束。在出土的文物中,除了大量玉器之外,還有龐大的城牆遺址、房屋遺址以及精美的金器和數量驚人的青銅製品。專家發現此地出土的青銅製品有別於當時中原地區的青銅製品,具有獨特的造型和風格,而且青銅鑄造工藝也達到很高的水準。三星堆古文化、古城、古國的發現,完全證實了魚鳧族的存在,將古蜀文化的發展史至少提前1000年,並為尋找蠶叢氏和柏灌氏的存在提供一些線索。

李冰修築都江堰

秦昭王時期李冰來到四川擔任第四任蜀郡太守,當時岷江仍是一條經常氾濫的河流,成都平原的土地也缺乏灌溉。李冰父子邀集有治水經驗的農民,對岷江的地形和水情進行實地勘察,開始大規模修築都江堰。他們在玉壘山鑿出一個寬20公尺、高40公尺、長80公尺的山口,即「寶瓶口」,使岷江能夠流向東方,避免水害。

他們還在江心填築了魚嘴分水堤,把岷江分做兩支,一支灌溉成都平原,一支流向下游。為了進一步控制流入寶瓶口的水量,在魚嘴分水堤的尾部又修建分洪用的平水槽和「飛沙堰」溢洪道。都江堰建成後,成都平原減少了水旱災害,成為中國的糧食穩產地區,四川也因此被稱為「天府之國」。

三星堆出土的青銅孔雀。

農事圖──牛耕。

📷 地貌

四川省有人類活動的歷史可以追溯到200萬年以前,據考古發掘,當時的巫山人就在這裡開始了中國古人類最早的直立行走。即使從蠶叢、魚鳧開創古蜀國開始算起,至今也已有4500餘年的文明史。西元前250年,李冰修建都江堰,從此四川水旱從人,物華天寶,號稱「天府之國」,發達的經濟也鑄就了燦爛的歷史文化。在漢末,諸葛亮鞠躬盡瘁治理蜀漢;在唐代,浪漫主義詩人李白從江油仗劍遠行。後世的諸如蘇軾、張大千等在中國歷史上頗具影響力的詩人、畫家紛紛從四川走向全國,在歷史上寫下了各自輝煌的篇章。

都江堰是世界上最古老而且至今還在運作的水利工程,科學的設計不僅是中國水利工程技術的偉大奇蹟,也是世界水利工程的璀璨明珠。

川西高原平均海拔在4000公尺以上,是青藏高原的組成部分之一,雖然氣溫很低,但日照充足。

四川盆地西南涼山中的梯田。

湖廣填四川

南宋末年,四川是南宋王朝抵禦蒙古入侵的主要戰場,到了元朝初年,四川的人口數量僅為南宋時的1/20。元朝末年紅巾軍將領明玉珍率領十幾萬主要由湖廣地區農民組成的軍隊攻入四川,拉開了「湖廣填四川」的序幕。後來明、清政府有意調集靠近四川的湖廣居民遷入四川開墾荒地,為了方便組織移民,清王朝在順治、康熙年間曾兩度在湖廣和四川地區只設一個川湖總督。雍正初年率先在四川推行「攤丁入畝」的政策,經過100多年的努力,乾隆四十九年(1784)四川人口達到700多萬,超過南宋時期的人口數量。咸豐元年(1851)人口大約4400萬,成為中國第一人口大省。

四川盆地

四川盆地是中國著名的紅層盆地,為中國四大盆地中形態最典型、緯度最南、海拔最低的盆地,位於四川省東部、重慶西部,面積17萬平方公里。盆地西依青藏高原和橫斷山地,北靠秦嶺山地與黃土高原相望,東接湘鄂西山地,南連雲貴高原。盆地邊緣多低山和中山,山勢陡峻,發源於盆地邊緣山地的河流大多流經「V」形谷,嶺谷高差在500～1000

公尺之間，地表崎嶇，歷來就有「蜀道難，難於上青天」之説。盆地底部以丘陵為主，其次為低山和平原，底部海拔多數在250～700公尺之間，地勢東南傾，盆地內各河流由邊緣山地匯聚盆地底部的長江幹流，形成向心狀水系。地表覆蓋大面積的紫紅色砂岩與泥岩，是中國中生代陸相紅層分布最集中的地區。

貢嘎山

貢嘎山被譽為「蜀山之王」，藏語「貢」為雪，「嘎」為白，意為潔白的雪峰。因其地處藏傳佛教傳統地域劃分裡的米雅繞崗地區，所以又稱米雅貢嘎。貢嘎山位於川藏交界處，主峰高7556公尺，是四川第一高峰，終年白雪皚皚，晴天金光閃閃，姿態神奇莫測。山腳氣候溫和，植被茂盛，林海茫茫，山花燦爛。貢嘎山地區是現代冰川較完整的地區，區內有大型的冰川五條（海螺溝冰川、燕子溝冰川、磨子溝冰川、貢巴冰川、巴旺冰川），其中的海螺溝冰川前端海拔僅2850公尺，其冰瀑布高1080公尺、寬1100公尺，堪稱中國最大的冰瀑布。

四姑娘山

四姑娘山位於四川省阿壩藏族羌族自治州小金縣與汶川縣交界處，是橫斷山脈東

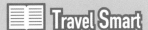

Travel Smart

四姑娘山的傳説

傳説很久以前，山神斯格拉有四位美麗的女兒，人們統稱「四姑娘」。鄰近的黑魔山神欲強娶四位姑娘，父親與黑魔搏鬥被殺，四姑娘帶著悲憤趁夜逃出。在來到小金縣日隆關時，大雪紛飛，天寒地凍，她們精疲力竭，痛哭不已。哭聲驚動了關內外的百姓，他們連夜打起火把趕來，驅走黑魔，救起四姑娘。四姑娘為了感謝老百姓的救護，長年幫助老百姓放牧，守護一方水土，但因勞累過度，四位姑娘不久便離開人世。天長日久，這四位姑娘的墳墓逐漸升高擴大，化為四座雪峰，人們就叫「四姑娘山」。

牛羊成群的貢嘎山。

俏麗的四姑娘山。

部邊緣邛崍山系的最高峰。由四座連綿不斷的山峰組成，在3.5公里範圍內一字排開，高度分別為5700、5672、5664、6250公尺。這四座山峰長年冰雪覆蓋，如同頭披白紗、姿容俊俏的四位少女依次屹立在長坪溝和海子溝兩道銀河之上。其中么妹身材最苗條、體態最婀娜，現在人們常說的「四姑娘山」指的就是這座最高、最美的雪峰。地表主要由中生代和古生代的砂岩、板岩、大理石、石灰岩與結晶灰岩組成，這些岩石大多耐風化剝蝕，山峰尖削陡峭，直插雲天。四姑娘山周圍有20多座被冰雪覆蓋著的四五公里的雪峰，東面有奔騰急瀉的岷江縱貫而過，西面有「天險」之稱的大渡河。山谷地帶氣候溫和、雨量充沛、山花遍野、溪流清澈；山腰冰川環繞；山頂地勢險峻，白雪皚皚。四姑娘山一帶森林茂盛，氣候宜人，為豐富多彩的動植物提供了生存環境。

雙橋溝是四姑娘山中最美麗的溝，兩側是峻峭的山峰，溝內有蒼翠的森林、綠茵般的草甸、蜿蜒的溪流等。

四姑娘山國家自然保護區內的落葉松挺拔俊秀。

🌀 水系

四川省除西北部若爾蓋沼澤的白河和黑河屬黃河水系外，其他均為長江水系。水系結構複雜，東西差異明顯。受構造和地貌的制約，東部四川盆地的河流呈不對稱向心狀水系。岷江、沱江、嘉陵江等，均從盆地邊緣山地流向盆地底部，最後注入長江幹流，東出三峽。川西高原山地的金沙江、雅礱江、大渡河等河流，則山河相間平行排列，由北部高原流向南部山地，成平行狀水系。川西北的白河和黑河，由南向北順勢而下注入黃河，是四川唯一北流的網狀水系。

岷江

岷江是四川省境內長江支流中水量最豐富的河流，古稱汶江和都江。岷江從松潘南流到茂縣、汶川，出岷山山區，進入成都平原，在都江堰以下，支脈舒展，復又匯合，過新津、彭山、眉州直達樂山，在「樂山大佛」凌雲山西面有大渡河匯入。總流域面積13.9萬平方公里，大小支流90餘條，東少西多，從松潘算起，河長只有735公里。岷江流域裡地貌齊全，有高原、險峰、丘陵、平壩、冰川、溫泉和雪山，在青神縣那一段還有被稱為犁頭、飛鵝、平羌的「小三峽」。

大渡河

大渡河是岷江的最大支流，又名銅河、沫水，發源於川、青交界的果洛山，自北向南縱貫於四川省境內，全長1062公里，流域面積9.2萬平方公里。上源為杜柯河、阿柯河、梭磨河，匯合於可爾因後稱大金川，在丹巴納入小金川後始稱大渡河。以瀘定、銅街子為界，可將大渡河劃分為三段。其峽谷河段占全河70%以上，水流湍急，全河落差3600公尺。大渡河還是四川木材水運的主要河道。

四川境內的大渡河流域。

🌧 氣候

四川省氣候具有冬暖、春早、夏長、年均溫高、日照少的特點，年均溫16～20℃，極端最高溫超過40℃，為中國夏季高溫地區之一。四川盆地的長江河谷和川西南的金沙江河谷，具有南亞熱帶氣候屬性。西北地區方海拔高，氣溫低，無霜期短，屬溫帶和寒溫帶氣候。四川深受東南太平洋季風和西南印度洋季風影響，除少數地區外，年降水量600～1000公釐，以多夜雨為特色。

🌳 自然資源

四川省是中國亞熱帶面積最大的省分，植物總數逾萬種，僅次於雲南省，裸子植物總數則名列全國第一位。植物資源超過4000種，森林覆蓋率達27.94%；動物總數居全國第二位，其中脊椎動物1100多種，鳥類和獸類種數均占全國的一半。四川礦種多，儲量大，已發現的礦種有125種，名列全國前3位的有鈦、釩、鍶、硫鐵礦、芒硝、天然氣、碘、鎘等礦藏。

Travel Smart

杜宇聲聲

傳說在周代末年，「從天而降」的杜宇在蜀地稱帝，號為望帝。當時的蜀國人煙稀少，洪水氾濫，杜宇親自帶領人民耕種，但終未能根治洪水。後從楚國漂來一具死屍，到紋山下復活，自稱為鱉靈，並成功制服洪水，於是杜宇封他為相。誰知鱉靈設計陷害杜宇，奪取王位，而杜宇死後化為布穀鳥，每到春天便啼叫不止，催促人民及早進行耕種，以致啼出血來。蜀人懷念杜宇，便把布穀鳥叫做杜鵑鳥或杜宇。

皺皮杜鵑

皺皮杜鵑屬杜鵑花科，是中國特有種，為常綠灌木，高2～3公尺。葉厚革質，倒披針形，上面葉脈深陷呈泡狀粗皺，下面葉脈隆起而且密被淡棕色星狀毛。花冠白色至紅色，內側有紅色斑點。皺皮杜鵑僅分布於四川西部，生長在海拔2200～3300公尺處的灌木叢之中。

小熊貓

小熊貓別名小貓熊、九節狼、金狗，屬於浣熊科，主要分布於四川、陝西、青海、甘肅、雲南以及西藏的部分地區。小熊貓體型肥圓、似貓非貓，體長40～65公分，體背紅棕色，眼眶和兩頰有白斑，連嘴周圍及鬍鬚也是白色，蓬鬆而長長的尾巴有棕色與白色相間的九節環紋。晨昏外出活動覓食，常組成小群體進行活動，有較固定的活動區域。小熊貓善於攀援，喜歡吃箭竹筍、嫩葉、竹葉及各種野果和苔蘚，更喜歡吃帶有甜味的東西。

皺皮杜鵑。

大熊貓

大熊貓屬於哺乳綱,食肉目,熊貓科,為國家一級保護動物,僅分布於四川、陝西、甘肅的局部地區,數量極為稀少。體長120～180公分,尾長10～20公分,體重60～110公斤。頭圓而大,軀幹和尾巴為白色,兩耳、眼周、四肢和肩胛部全是黑色,腹部為淡棕色或灰黑色。主要棲息在海拔2000～3000公尺的落葉闊葉林、針闊混交林和亞高山針葉林帶的山地竹林內,沒有固定巢穴,邊走邊吃,喜歡單獨活動。大熊貓的視覺較差,行動緩慢,主要以竹類的竹筍、竹葉為食,有「活化石」之稱。

小熊貓。

古代大熊貓以食肉為主,而現代大熊貓以竹類為主食。牠們必須不停地大量進食,以維持身體所需的能量。

經濟

四川省工業原本以輕工業為主，現在發展成以重工業為主體，並形成了部門較齊全、布局日趨合理的綜合性工業體系，成為西南地區工業最發達的省分和新興的綜合性工業基地之一。工業中，鋼鐵、機械、電子、天然氣、化工、森林、絲紡織、造紙、食品等部門在中國占據重要地位。四川農業比較發達，以種植業為主，畜牧業地位也很顯著，農副產品豐富多樣。此地交通原來有「蜀道難，難於上青天」之說，現在已初步形成與全國交通網相連的鐵路、公路、水運、航空綜合發展的立體交通體系。

農業

四川省耕地面積居全國第五位，水田居全國第一位，是中國主要農區之一，糧食作物以水稻、小麥、玉米、薯類為主。四川是中國五大小麥產區之一，也是中國最大的油菜籽生產基地和苧麻、曬菸的主要產區之一。四川是中國三大林區和主要木材生產基地之一，畜牧業發達，生豬、豬鬃、羊毛等則是傳統的輸出商品。

工業

四川工業主要分布於東部盆地農業發達且交通便利的地區，以成都市最為集中。食品工業較為發達，以糧食、肉類、製鹽、釀酒、捲菸為主。冶金工業也是重要的工業部門，攀枝花是中國重要的鋼鐵基地之一，江油等地建有生產特種鋼的鋼鐵企業，松潘等地主產沙金。機械工業是發展最快、種類最多的工業部門，其中機械製造、軍工機械、電子儀錶、動力設備等部門占有重要地位，化學工業以基本化工、化肥、化學藥品為主體，還有棉紡工業、造紙工業、以天然氣為主的能源工業等。

交通

鐵路運輸是四川省內外交通的骨幹，已形成以成都為中心樞紐的鐵路運輸網，有成渝、成昆、寶成等鐵路幹線。2008年至2012年，四川新增高鐵1200公里以上，真正成為貫通南北、連接東西、通江達海的西部綜合交通樞紐。內河航運相當便利，長江及其支流岷江、沱江、嘉陵江等航道廣布於東部地區，構成發達的內河航運網。公路運輸也較為發達，主要的交通樞紐有成都、內江、綿陽等，重要的交通幹線有川藏、成阿、東巴、成萬等40多條。航空運輸發展很快，成都是聯繫省內外最重要的航空港。成都雙流國際機場是中國現代化的大型機場之一，也是中國西南地區的航空樞紐。

寶成鐵路全長668公里，北起陝西寶雞，南至四川成都，是中國第一條電氣化鐵路。

✈ 旅遊地理

四川省多山地，崇山峻嶺中不乏諸如峨眉山、青城山、四姑娘山等名山。山巒之中佛教、道教的寺觀眾多，摩崖石刻遍布，還有山佛合一的樂山大佛；溝谷之中有九寨溝、黃龍等著名的風景區。鑿壁攀岩的劍門蜀道把成都平原與外界溝通起來。在都江堰灌溉的這片富饒的土地上，三星堆、王建墓、武侯祠、杜甫草堂、三蘇祠、望江樓等名勝古蹟。蒼翠靜謐的蜀南竹海，伶俐可愛的臥龍熊貓，古老神奇的自貢恐龍為四川增添更多風采。

黃龍

黃龍位於四川省北部阿壩藏族羌族自治州松潘縣境內的岷山山脈南段，屬青藏高原東部邊緣向四川盆地過渡的地帶。風景區總面積700平方公里，周邊保護地帶面積為640平方公里，包含黃龍溝、雪寶頂、雪山梁、丹雲峽、龍滴水、紅心岩、二道海、扎尕瀑布、草原等景區。黃龍風景區的巨型地表鈣華坡谷，如一條金色巨龍，蜿蜒於原始林海和石山冰峰之間，構成奇、峻、雄、野的環境特色，享有「世界奇觀」、「人間瑤池」之譽，被稱為「中國一絕」。這裡的鈣華景觀不僅規模宏大，結構奇巧，色彩豐豔，環境原始，而且類型繁多齊全。鈣華邊石壩彩池、鈣華灘、鈣華扇、鈣華湖、鈣華塌陷湖、鈣華塌陷坑、鈣華瀑布、鈣華洞穴、鈣華泉、鈣華台、鈣華盆景等一應俱全，是一座世所罕見的天然鈣華博物館。黃龍連綿分布的鈣華段長達3600公尺，最長的鈣華灘長1300公尺，最寬的為170公尺，彩池數多達3400餘個，邊石壩最高達7.2公尺，扎尕鈣華瀑布高達93.2公尺，這些都屬中國之最，世界無雙。黃龍還是中國最東部的現代冰川保存區，有雪寶頂（海拔5588公尺）、雪欄山（海拔5440公尺）和門洞峰（海拔5058公尺）3條現代冰川，類型全面，分布集中。

黃龍五彩池。

樂山大佛的造型具有濃厚的中國色彩，是中原佛教藝術的擴展和發揚。其
面部眉清目秀，溫文爾雅，將男性的莊嚴與女性的祥和融為一體，呈現出
慈悲為懷、普度眾生的面容。

樂山大佛

樂山大佛地處四川省樂山市東部，岷江、青衣江、大渡河三江匯合處的凌雲山上。大佛依凌雲山棲霞峰的臨江峭壁鑿造而成，又名凌雲大佛，為中國最大的彌勒坐像，也是世界最高的大佛，世人有「佛是一座山，山是一尊佛」的說法。佛像高71公尺，頭高14.7公尺，頭寬10公尺，髮髻1021個，眼長3.3公尺，鼻長5.33公尺，耳長7公尺，耳內可並立二人，肩寬24公尺，手的中指長8.3公尺，腳背寬、長分別為8.5公尺、11公尺，腳背可坐百餘人。樂山大佛開鑿於唐玄宗開元初年，當時三江匯合處水流直沖凌雲山

腳，勢不可擋，洪水季節水勢更猛，往往使過往船隻觸壁翻沉。凌雲寺的名僧海通為普度眾生，一來想使石塊墜江減緩水勢，二來想借助神力消除水患，於是發起修造大佛的工程。當時募集的人力、物力、財力遠及江淮流域，在善男信女和朝廷的資助下，歷時90年才竣工。樂山大佛具有設計巧妙、隱而不見的排水系統，對保護大佛產生了重要作用。在大佛頭部共18層螺髻中，第4、第9和第18層各有一條橫向排水溝，分別用錘灰疊砌修飾而成，遠望看不出來。樂山大佛的衣領和衣紋皺褶也有排水溝，正胸左側還有水溝與右臂後側水溝相連。兩耳背後靠山崖處，有洞穴

左右相通。胸部背側兩端各有一洞，但互未鑿通，孔壁濕潤，底部積水，洞口不斷有水淌出，因而大佛胸部約有2公尺寬的浸水帶。這些水溝和洞穴組成科學的排水、隔濕和通風系統，防止大佛侵蝕性風化。

峨眉山

峨眉山又稱大光明山，是大峨山、二峨山、三峨山和四峨山的總稱，位於四川省峨眉山、樂山兩市西部，因四山逶迤連綿如長眉，所以得名峨眉山。四山中以大峨山海拔最高，山勢最雄偉，即為現今所說的峨眉山。山坡東陡西緩，主峰海拔3079.3公尺，高出其東麓的

樂山大佛腳背寬為8.5公尺，一個腳背上就可以橫放5輛卡車，單是一個大拇趾的趾甲也有1.6公尺長。

峨眉金頂，是觀賞峨眉四大奇觀的最佳去處。

Travel Smart

佛光的形成原因

佛經中說，佛光是釋迦牟尼眉宇中放射出來的光芒，實際上這是一種非常特殊的自然物理現象。當人背向陽光、面向雲霧時，陽光不但會將人的影子投映在正前方，還會穿透雲霧水滴，在水滴的表面和內部產生折射及反射，使水滴有如稜鏡將陽光分散成七彩色光，又因各種色光的偏色角度都相同，所以在人影周圍呈同心環狀排列，且水滴越大，光環越小。最容易產生佛光的時間通常在日出之後到9點，下午3點到日落前一小時，這時雲霧最密，太陽也剛好落在與人平行的位置。

峨眉山市2500公尺，猶如聳立於四川盆地西南部的高牆。峨眉山不僅山體雄峻，而且峰巒挺秀，並有怪石古洞、銀流飛瀑，歷來有「峨眉天下秀」之稱。峨眉山是四大佛教名山之一，據說是普賢菩薩的道場，山中寺廟林立，以報國寺、萬年寺、伏虎寺、清音閣、洗象池、洪椿坪、九老洞、金頂八大寺廟最為著名。峨眉山雨多濕重，雲厚霧大，有「金頂日出」、「金頂雲海」、「峨眉佛光」、「聖燈」四大奇觀。山中還有3000多種植物、2000多種動物，素有「植物王國」與「天然動物園」之稱。

蜀南竹海

竹海又名萬嶺箐，位於長寧、江安兩縣境內，以長寧縣的竹海鎮為中心，方圓約120平方公里。主峰九龍山，海拔980公尺，以竹林景觀為主要特色，兼有許多文物古蹟。景區內有峰巒28座，大小山丘數百個，山山皆竹，鬱鬱蔥蔥，宛如煙波浩渺的綠色海洋，故名「竹海」。林中以楠竹為主，有人面竹、花竹、算盤竹、綿竹、黃竹、羅漢竹、香妃竹等30餘種，四季蔥綠。竹海內霧氣縹緲、煙雲瀰漫，小溪清澈見底，空氣格外清新宜人。竹海內有數十條山

清幽靜謐是竹海最吸引人的特色。

泉、飛瀑，流瀉於幽篁深處，其中三疊飛瀑高達200公尺，寬約15公尺，噴珠瀉玉，十分壯麗。竹海峰巒中有20多個洞穴，其中天寶洞長達1500多公尺、高20公尺，為半邊山洞。洞上方為壁立如削的紅色懸崖，下為深不見底的萬丈壑谷，春夏間洞外紅岩綠樹，繁花似錦，景色綺麗。蜀南竹海是川南竹簧鑲嵌、竹筋皮製品、竹器雕刻等工藝品原料的主要產地，也是中國主要的竹簧產地之一。

青城山

青城山位於都江堰市南，距成都66公里，屬於邛崍山脈南段的東支，以大面山（又名趙公山）為主峰。山上林木蔥蘢，四季常青，群峰環列，狀若城廓，故稱青城。全山景物幽美，有「青城天下幽」之稱。青城山是中國道教發祥地之一，山中名勝樸實無華，充分展現道家在2000多年前就提出的「天人合一」思想，被列入《世界遺產名錄》。全山共36峰、8大洞、72小洞、108景。宮觀極盛時有100多處，現尚存38處，其中著名的有建福宮、天師洞、上清宮、朝陽洞、祖師殿等。天師宮是青城山的主廟，建於隋代，是一組規模宏大、結構精美的建築群，正殿內有唐雕三皇石像，歷時1200多年，至今保存完好。山中文物題刻還有唐玄宗手詔碑、唐鑄飛龍鐵鼎和南宋岳飛手書諸葛亮的〈出師表〉石刻以及「天下第五名山」、「降魔」等摩崖。日出、雲海、聖燈是青城山的三大奇景。西北邊有青城後山，這裡山勢重疊、溝谷幽深，山泉瀑布在奇岩怪石間飛騰而下，勢若游龍。修建在懸崖峭壁上的棧道，峰迴路轉，幽趣橫生，其幽、險、雄、奇比前山尤勝。

雪後的峨眉山充滿神祕色彩。

理塘

理塘地處四川省西部，甘孜州西南部，被譽為「世界高城」、「雪域聖地」、「草原明珠」，東距省會成都654公里、州府康定284公里。縣內有藏、漢、回、彝、土家、納西、苗、羌等8個民族，其中藏族占總人口的94%。理塘的藏語為「平坦如銅鏡的草壩」，因境內有毛埡大草原而得名。這片物華天寶、人傑地靈的「聖地」孕育了濃厚的民族風情、人文、自然景觀，融「險、峻、高、雄」於一爐，集「奇、偉、雅、秀」於一體。作為香格里拉旅遊環線中的一個亮麗的風景點，無論從山川地貌、自然資源方面，還是從歷史沿革、民風民俗方面來看，理塘都是藏區的縮影，對整個藏區都有深遠的影響。

稻城

稻城縣位於四川西南邊緣，甘孜藏族自治州南部，南北長174公里，東西寬63公里。1928年美國植物學家、探險家約瑟夫·洛克到達此地，1931年7月在《國家地理雜誌》上撰寫文章並發表所攝照片。1997年12月四川省政府批准稻城為省級自然保護區，目前為亞丁國家級保護區。稻城的北部是青藏高原最大的古冰川遺跡——海子山自然保護區，自然景觀曠遠、原始、混沌；中部是開闊的河谷、草原，牧草豐茂，鮮花飄香；南部是連綿不斷、千姿百態的山峰，深谷幽靜，湍流飛瀑。位於稻城境內的「雪域神峰」小貢嘎雪山，直入

理塘的瑪尼堆。

藍天，由三座雪峰薩內目、央邁勇、夏諾多吉組成，其意分別是觀世音菩薩、文殊菩薩和金剛菩薩。雪峰上交錯著條條冰川，雪峰間生長著繁茂的森林，雪峰下滋養著肥美的草原。在薩內日和央邁勇兩座雪峰之間，還有一個閃爍七彩光韻、色澤變幻無窮的美麗湖泊，清澈剔透得像一塊碧黛的翡翠，又像夜空中一彎月牙鑲嵌在雪峰之間，令人宛若置身於仙境。

身著盛裝的理塘藏族姑娘。

稻城的藏傳佛教寺廟。

線條細膩，色彩豔麗的藏傳佛教飾物。

「潔白的仙鶴啊，請把雙翅借給我。不飛到遙遠的地方，僅到理塘轉一轉，就飛回來。」倉央嘉措的情歌世代傳唱著理塘，這塊連仙鶴也留戀的地方。

經典座標 九寨溝

　　九寨溝位於四川西北部的阿壩藏族羌族自治州境內，因周圍有9個藏族村寨而得名。地處岷山山脈，海拔2000～4300公尺，是長江水系嘉陵江源頭的一條支溝，由日則溝、樹正溝和則查娃溝三條溝組成。九寨溝以高山湖泊群和瀑布群為主要特點，集翠海、瀑布、彩林、雪峰及藏情為一體，因其獨有的原始自然風光、變幻無窮的四季景觀、豐富的動植物資源而被譽為「人間仙境」、「童話世界」。1992年12月14日聯合國教科文組織將九寨溝列入《世界遺產名錄》。

　　九寨溝著名的景點有劍懸泉、芳草海、天鵝湖、劍竹海、熊貓海、高瀑布、五花海、珍珠灘瀑布、鏡海、諾日朗瀑布、犀牛海、樹正瀑布、樹正群海、臥龍海、火花海、蘆葦海、留景灘、長海、五彩池、上下季節海等。原始秀麗的風光主要分布在呈「丫」字形的三條主溝中，面積720平方公里，景區內有108個翠海（高山湖泊），17個瀑布群，並有多處大面積鈣華灘流。

　　九寨溝是中國著名的自然保護區之一，森林有200餘平方公里，在2000～4000公尺的高山上垂直密布，主要品種有紅松、雲杉、冷杉、赤樺等。在這裡的原始森林中，棲息著珍貴的大熊貓、白唇鹿、蘇門羚、扭角羚、毛冠鹿、金貓等動物。海子中野鴨成群，天鵝、鴛鴦也常來嬉戲。

翠海、瀑布、彩林、雪峰，這裡是
「人間仙境」、「童話世界」。

長海是九寨溝中面積最大的海。

鏡海

五花海

貴州

🌏 行政區劃

貴州省簡稱「黔」或「貴」，因境內有貴山而得名貴州。位於中國西南部，雲貴高原東部，東毗湖南省，南鄰廣西壯族自治區，西連雲南省，北接四川省、重慶市，處於東經103°36`～109°35`、北緯24°37`～29°13`之間。東西最大距離570公里，南北最大距離510公里，總面積17萬多平方公里。轄6個地級市，8個縣級市，黔南布依族苗族、黔東南苗族侗族、黔西南布依族苗族3個自治州，省會貴陽市。

貴陽市

貴陽市簡稱「築」，是貴州經濟、文化和交通中心，位於貴州省中部，面積8034平方公里，人口469萬，有漢、苗、布依、彝、侗、水、黎、回等38個民族。市府駐南明區，轄6個區3個縣，代管1個縣級市。地處黔中山原丘陵中部，是長江水系和珠江水系分水嶺地帶，地勢西南高、東北低。貴陽屬亞熱帶季風濕潤溫和氣候，夏無酷暑，冬無嚴寒，四季分明，年平均降水量947公釐，年均溫16.9℃，被譽為「第二春城」。礦藏有煤、鉛、磷等，還是中國四大鋁工業基地之一。主要產品有鋼鐵、鋁、機械、電子、捲菸等，農業以水稻、油菜、菸葉、蔬菜為主，有淡水魚養殖。貴陽還是西南地區重要的交通樞紐，川黔、湘黔、黔桂、貴昆4條鐵路交會於此，貴陽北站有高鐵線路，民航可直達中國內地各大城市。

遵義市

遵義市是黔北的交通中心和物資集散地，位於貴州省北部，赤水河以東，烏江以北，西北與四川省和重慶市毗鄰。1935年中共中央曾在此召開具有重大歷史意義的遵義會議。總面積30763平方公里，人口622萬，有漢、苗、仡佬、土家等民族，轄3區7縣和2個自治縣，代管2個縣級市。地處貴州高原北部，跨黔北山地和黔中山原丘陵，大婁山蜿蜒境內，以低山丘陵和寬谷盆地為主，主要河流有烏江、赤水河、湘江、偏岩河、餘慶河等。境內有電器、發電、化工、鐵合金、

汽車、捲菸、釀酒等企業，遵義還是名酒之鄉。農產品有稻穀、小麥、玉米、油菜子、烤菸等。川黔鐵路和渝貴鐵路過境，境內赤水河為連接四川、貴州的重要水道。

安順市

安順市是黔西的交通樞紐和物資集散地，位於省境中部，面積9264平方公里，轄2區1線和3個自治縣，人口232萬，有漢、布依、苗、仡佬、彝、回等民族，市府駐西秀區，距省會貴陽市98公里。安順市地處黔中山原丘陵西部，苗嶺橫亙中部，岩溶地貌發育，有鐘乳洞、天生橋、伏流、暗河，形成奇特的自然景觀，境內河流分屬長江水系和珠江水系。礦藏有煤、鋁、磷，工業以國家重點企業為骨幹，有採煤、航空、機械、機床、電機、軸承、紡織、化肥、化工等。安順是貴州省的重要工業基地，民族工藝品有安順蠟染和布依地毯。農業以種植玉米、小麥、油菜、烤菸、茶葉為主。貴昆鐵路穿境，貴黃高等級公路經過本地區由貴陽直達黃果樹瀑布，另有黃果樹機場。境內的黃果樹瀑布是國家級風景名勝區，為世界著名的瀑布之一。

安順花海。

楊粲墓坐落在距遵義市約10公里的紅花崗區深溪鎮皇墳嘴，墓內共有石雕190處，構圖新穎，刀法嫻熟，線條流暢。

👤 人口、民族

　　貴州省人口3555萬（2016年），省境中部、北部和西北部人口較密，西南部、南部和東南部地廣人稀；其中貴陽、安順、六枝、普定和畢節的山間盆地、河谷壩子區人口最密，黔南、黔東南山區人口密度最低。貴州是多民族雜居的省分，除漢族外，貴州的少數民族主要有苗、布依、侗、彝、水、回、仡佬、壯、瑤、滿、白、土家等，主要分布於烏江以南地區，具有居住分散、分布面廣、多雜居或小聚居的特點。苗族占少數民族人口的近33%，布依族占22%左右，侗族占13%左右，主要聚居於黔東南天柱至從江一帶；壯、瑤族主要分布於黔桂交界地區。

苗族

　　苗族主要聚居在貴州省的南部和湖南、雲南的部分地區，共有人口942萬（2010年）。遠古時代的「盤瓠」部落，就是苗族的先民。苗族沒有文字，苗語屬漢藏語系苗瑤語族苗語支，人民有豐富的民間口頭文學，如古歌、詩歌、情歌等等。苗族也善舞蹈，蘆笙舞最為流行。苗族服飾在各地不完全相同，男子多用布包頭，身穿短衣褲；婦女的衣著美觀、大方，大襟上衣繡有花飾圖案，下身穿百褶裙，猶如開屏的孔雀尾，非常富有民族特色。苗族的傳統節日是一年一度的花山節（農曆正月初五舉行，又名「踩花山」），這是苗族人民最盛大的節日。節日期間，身著節日盛裝的男女青年歡聚對歌，表演踩鼓、跳獅子和蘆笙舞，熱鬧非凡。除此之外，苗族也過漢族的春節等節日。

盛裝的苗族姑娘。

盛裝的苗族女子乘船準備參加節日的歌舞會。凱里是貴州的苗族聚居地，這裡山清水秀，苗族山寨處於崇山峻嶺之中，具有獨特的民族風情，木樓順坡而立、後身著地，前面懸空或用柱、石支撐。凱里婦女的盛裝獨具特色，頭上一般戴著形如牛角的銀質頭飾，高達尺餘。

風雨橋又稱花橋，是侗族建設中最具特色的民間建築之一。

布依族

布依族大部分居住在貴州省的黔南、黔西南兩個自治州，共有人口287萬（2010年）。在貴州周邊區域也有少量布依族居住，但都是由貴州遷徙去的。布依族男子頭戴青布或花格布頭帕，身穿對襟或大襟短上衣，大褲腿長褲。婦女的服飾各地差異較大，通常梳長辮，有的把長辮盤在頭上再包上青布或花格布的頭巾，上裝多為大領衣或大襟衣，鑲有花邊服飾，下穿蠟染百褶長裙，姑娘們還喜歡佩戴銀首飾。

侗族

侗族主要分布在貴州省的天柱、錦屏、黎平等縣（市）和玉屏侗族自治縣，湖南、廣西、湖北也有分布，有人口287萬（2010年）。侗族有自己的語言，但沒有文字，侗語以貴州錦屏的各族雜居地帶為界，可分成南北兩個方言區。侗族還有自己獨特的戲曲侗戲，有《珠郎娘美》等優秀劇碼。

安順地戲的面具。

🏛 歷史文化

在舊石器時期，貴州就有桐梓人、水城人、興義人等古人類活動。春秋以前，貴州省境內部族林立，著名的有牂牁國。戰國後期，夜郎國代之而起，逐步發展成為中國西南地區的大國之一。西元前25年，西漢滅夜郎國，在夜郎故地建立了郡縣制；唐代開始在貴州設經制州。明朝是貴州發展的重要時期，水西的女土司奢香在中央政府的支持下，修築了貴州至雲南、四川的驛道，促進此地經濟文化的發展。貴州的安順文廟、貴陽甲秀樓、鎮遠青龍洞、黎平紀堂鼓樓以及安順地戲等，都是這種多民族文化交融的產物。

遵義會議舊址。

奢香逝世後，按傳統風俗實行火葬，安葬在大方縣霧籠坡。

儺文化

儺原是一種極古老的迎神驅鬼儀式，隨著時間的推移，儺的性質從單一的驅鬼祈福逐漸向娛樂性轉化，出現了表現勞動生活和傳說故事的內容。在有的地方發展出風格古樸的戲劇形式，稱為「儺戲」。作為一種歷史文化現象，儺蘊涵了人類學、歷史學、哲學、宗教學、民族學、民俗學、文藝學等多方面的豐富內容。安順地戲又叫「軍儺」，是古老的儺戲發展到元明時期的一個分支，其表演內容以楊家將、三國、封神榜等歷史演義為主。演出時，演員均佩戴臉子（彩繪的木雕面具）出場，手持兵器，邊舞邊唱。安順地戲是中國民間藝術的一朵奇葩，被譽為「中國戲劇的活化石」。

奢香

奢香為彝族人，明朝貴州宣慰使靄翠之妻，洪武十四年（1381）靄翠去世，奢香繼承丈夫的職務。當時貴州都督馬曄想廢除少數民族的「土官」，以擴大自己統治的地盤，便故意製造事端來審訊奢香，並動用鞭笞等刑罰，目的就是想造成少數民族叛亂，自己才有藉口攻占少數民族的領地。果然奢香統轄的四十八部土司紛紛要求起兵殺掉馬曄，但是奢香忍辱負重，堅定拒絕並制止了他們的行動。之後她親自前往京師拜見明太祖朱元璋，陳述自己的家世和守土功績，並一一列舉馬曄的罪狀。朱元璋為了安撫邊疆就召回馬曄，將他關進牢房。奢香為感謝明政府的開明，回到貴州後開闢一條從東到

西橫貫全省的交通要道，並設立9個驛站，方便各族人民的交往，促進貴州經濟和文化的發展。洪武二十九年（1396）奢香逝世，朱元璋特別賜與她「順德夫人」的封號，還專門派人參加她的葬禮。

陽明心學的開創

王陽明，名守仁，是中國明代著名的思想家。明朝正德年間，任兵部主事的王陽明觸怒當權宦官，被遠謫到貴州龍場（今貴州修文）當驛丞。在他謫居龍場的三年時間裡，創立「心即理」和「知行合一」的學說，為他的「致良知」的思想奠定基礎，逐漸形成了陽明心學的核心內容。王陽明在貴州創辦龍岡書院，還應邀到貴陽

講學，開創貴州一代學風，《古文觀止》收錄有他的三篇散文。他的學說從貴州開始，逐步向全國傳播，甚至遠傳到朝鮮、日本。陽明心學是中國儒學的最後一座高峰，是中國古代哲學的最高集成，而「龍場悟道」就是王陽明學說的起點，中外學者都認為龍場是「陽明聖地」。現在貴州還保留著修文陽明洞的玩易窩、陽明小洞天、何陋軒、君子亭、龍岡書院等王陽明當年活動的勝蹟，以及人們以他的名字或學說建立的陽明書院和正學書院，此外還有王文成公祠、陽明祠等。

遵義會議

遵義會議是中國共產黨歷史上的一個重大的轉捩點。由於王明「左」傾路線的領導，中央紅軍在第五次反「圍剿」中失利，被迫於1934年10月開始長征，行軍途中遭受圍堵，部隊由8萬餘人銳減為3萬餘人。1935年1月中共中央政治局在遵義城召開擴大會議，通過了《中共中央關於反對敵人五次「圍剿」的總結決議》。根據會議精神，3月4日任命朱德為前敵司令部總指揮，毛澤東為政治委員；3月11日由毛澤東、周恩來、王稼祥組成三人軍事小組，負責軍事指揮工作。遵義會議是中國共產黨第一次獨立自主地解決路線、方針、政策的會議，結束了王明的「左」傾思想在中央的統治，確立了以毛澤東為代表的新的黨中央的領導。

⛰ 地貌

貴州省位於長江和珠江兩大水系的分水嶺地帶，屬貴州高原的主體部分，地勢由西向東呈梯級狀大斜坡，再由中部向南、北傾斜降低。高原平均海拔雖僅1100公尺左右，卻分布有高達1500～2500公尺以上的山脈，如北部的大婁山、東北部的武陵山、西部的烏蒙山及橫亙東南部的苗嶺。由於碳酸鹽岩出露面積達全省土地總面積的73%，因而諸如漏斗、落水洞、豎井、溶蝕窪地、盲谷、暗河、伏流、天生橋、鐘乳洞等分布普遍，峰林、峰叢地貌發育典型。

氣勢磅礴的烏蒙山。

晚霞中的草海。

大婁山

大婁山又稱婁山,是赤水河與烏江水系的分水嶺,也是貴州高原和四川盆地的界山,其主體位於貴州北部,北端延伸至重慶南緣。山脈呈東北—西南走向,長約300公里,海拔一般1500～2000公尺,山勢北陡南緩,最高峰金佛山風吹頂海拔2251公尺。因碳酸鹽岩廣布,岩溶地貌發育,鐘乳洞、暗河普遍。大婁山屬中亞熱帶濕潤季風氣候,是貴州的稻、麥、油菜產區,在貴州、重慶邊界有水杉、銀杉等活化石。大婁山是貴州的天然屏障,其中婁山關隘口是由黔入渝的交通要道和軍事要隘。

💧 水系

貴州省內河流多發源於中、西部,向南、北、東三個方向呈扇狀放射,河網密度較大,平均每百平方公里河流長度不小於20公里。流域面積大於1000平方公里的河流共有65條,主要有烏江、沅江、牛欄江、北盤江、赤水河和綦江等河流,其中烏江為省內最大河流。各水系受地貌影響,分別以武陵山、烏蒙山、大婁山為分水嶺,而苗嶺又將省內河流分為長江和珠江兩大水系。

烏蒙山

烏蒙山是金沙江及北盤江的分水嶺,位於滇東高原北部和貴州高原西北部,呈東北—西南走向,海拔約2000公尺,最高峰2900公尺,山間多盆地和深切谷地。烏蒙山對沿四川盆地南緣或貴州高原斜坡向西、南推進的冬季寒風具有阻擋作用。

烏江

烏江是貴州省第一大河,為長江上游的支流,發源於貴州威寧縣香爐山花魚洞,流經黔北及重慶,在重慶涪陵注入長江,其幹流全長1037公里(貴州境內長874.2公里)。六沖河匯口以上為上游,匯口至思南為中游,思南以下為下游。烏江

水系呈羽狀分布，較大的支流有六沖河、貓跳河、清水江、湘江等15條。地勢西南高、東北低，流域內岩溶發育，沿江有地下暗河注入，兩岸以流急、灘多、谷狹而聞名於世，號稱「天險」。烏江自古以來就是貴州、重慶的航運要道，幹流通航里程573公里，還是貴州主要的工、農業分布區。

草海

草海是貴州高原最大的岩溶湖，古稱松波湖，位於貴州省西部威寧縣城西南，以湖面廣、水草豐茂、盛產魚蝦、多珍奇鳥類而聞名。湖盆的形成受北東和北西兩組斷裂構造的控制，水面高度2167公尺，一般水深2公尺，最大湖面曾達45平方公里，現僅24平方公里，控制流域面積380平方公里。湖區周圍地形平坦，土層肥厚，為威寧彝族回族苗族自治縣的農業發達地區。湖岸存在著湖蝕階地，草海盛產魚蝦，湖畔棲息有黑頸鶴、白頭鶴、淤隼、白琵鷺等10餘種鳥類。

氣候

貴州省屬季風氣候區的亞熱帶濕潤氣候，冬無嚴寒，夏無酷暑，大部分地區年均溫為14～16℃。降水豐富，年降水量一般在1100～1400公釐，熱量較充足，無霜期長達270天以上，而且雨熱同季，利於植物生長。因地形和緯度等因素的影響，導致省內氣候從東到西、從南到北、從低到高的變化明顯，形成多種氣候類型，為農業綜合發展和多種經營創造優越的氣候條件。但因雨日多達160天，相對濕度常達80%，有「天無三日晴」之諺。此外還有春夏的冰雹、「秋風」低溫等不利於農業的災害性天氣。

自然資源

貴州省是礦產資源的富地，礦產資源種類繁多，分布廣泛，儲量豐富，已發現礦產110多種。其中磷礦占全國總量的43%；鋁土礦儲量列全國第二位；重晶石儲量占全國的1/3；煤炭探明儲量居西南各省之首，居全國第五位。全省森林覆蓋率34.9%，其中銀杉、珙桐、禿杉、桫欏等珍稀植物被列為國家一級保護品種，還有藥用植物3700多種，是中國四大中藥材產區之一。有野生動物1000餘種，黔金絲猴、黑葉猴、黑頸鶴、華南虎等被列為國家一級保護動物。

馬尾樹

馬尾樹為落葉喬木，屬於馬尾樹科，為國家二級保護稀有種，高約17公尺，胸徑40公分。奇數羽狀複葉互生，小葉9～17枚，厚紙質，複圓錐花序腋生，下垂長達32公分，形同馬尾，花雜性同株。小堅果卵圓形，微扁。它是第三紀子遺單種產植物，分布於貴州、廣西、雲南，生於海拔700～1600公尺處林中局部陽光充足的地方。

灰鶴

灰鶴屬於鶴科，是國家二級保護動物，繁殖於北方的新疆、內蒙古等地，越冬於長江流域及長江以南地區。牠們遷徙時廣泛見於內陸濕

馬尾樹。

地，貴州的草海就是灰鶴的主要棲息地之一。灰鶴是大型涉禽，全長約110公分，體羽為灰色。頭頂裸皮為朱紅色，並且有稀疏的黑色短羽；兩頰至頸側為灰白色；喉及前、後頸呈灰黑色。初級、次級飛羽為黑色，內側飛羽延長彎曲成弓狀，羽端、羽枝分離成毛髮狀。嘴呈青灰色，前端略微顯淡，呈乳黃色。灰鶴以水草、嫩芽、野草種子、穀物、昆蟲以及水生動物為食，繁殖期在每年的4月～5月，每窩產卵2枚左右，雌雄親鳥輪流孵卵，雛鳥夏天長大後隨雙親四處遊蕩，秋天時就可隨鶴群南遷越冬。

黑頸鶴

黑頸鶴為大型涉禽，屬於鶴科，是國家一級保護動物，在青海、西藏、甘肅等地繁殖，在貴州、四川、雲南越冬，全長約120公分，體羽銀灰色至近白色，羽緣淡棕色。頭頂暗紅色，具稀疏黑色髮狀羽；頭、頸的2/3為黑色，眼下有一白斑，嘴淡綠色，腳黑色，雌鳥背上有淡棕褐色的蓑羽。牠們主要棲息在海拔2500～5000公尺的高原，是世界上唯一生長、繁殖在高原的鶴，通常生活在沼澤地、湖泊及河灘地帶，以綠色植物的根、芽為食。

黔金絲猴

黔金絲猴別名灰仰鼻猴、白肩仰鼻猴、牛尾猴等，是國家一級保護動物，僅分布於中國貴州梵淨山，總數僅幾百隻。黔金絲猴體形近似金絲猴，鼻孔上仰，吻鼻部略向下凹，臉部灰白或淺藍。頭頂前部毛基金黃色，至後部逐漸變為灰白，毛尖黑色。耳緣白色，背部灰褐色。兩肩之間有一白色塊斑，毛長達16公分。黔金絲猴棲息在海拔1700公尺以上的山地闊葉林中，主要在樹上活動，結群生活，有季節性分群與合群現象，以多種植物的葉、芽、花、果及樹皮為食。

每年都有成百上千的灰鶴被草海的銀魚細蝦和豐茂的水生動物所吸引，不遠千里來此越冬。

黑頸鶴。

經濟

　　貴州省小土地墾殖利用程度一般北部高於南部，河谷平壩區高於丘陵山區。耕地中旱地、水田各半，省境東南部為稻作區，西北部為旱作區，中部為水旱兼作區。工業有煤炭、電力、冶金、化工、機械製造、輕紡等部門。煤炭儲量居全國第五位，主產區在黔西和黔西北，號稱「西南煤海」。冶金工業以鋼鐵、鋁、鉛、鋅、銻、汞等的採煉為主，其中煉鋁工業和磷化工生產在全國占有重要地位。交通運輸以鐵路、公路、航空運輸為主，內河航運里程1800多公里。

農業

　　貴州省農作物以糧食作物為主，以水稻、玉米居多，冬小麥、甘薯、馬鈴薯次之。水稻種植面積約占糧食播種面積的1/3左右，而產量卻約占糧食總產的一半以上，多屬中晚熟單季稻，主要分布於黔中盆地和黔東河谷壩子。玉米主要分布在省境西半部山區，多與豆類套種。經濟作物中油菜、菸草最為重要。油菜主產於黔中、黔北和黔東北，是中國主要的油菜籽產地之一。烤菸產地遍布全省，其中黔中和黔西最多，是中國四大烤菸產區之一。清水江和都柳江流域杉木蓄積量較大，是中國著名的杉木林基地之一。貴州經濟林種類多，產量多居全國前列。此外，還盛產亞熱帶、溫帶水果。

茅台酒

茅台酒為典型的醬香型白酒，酒度達53°，產於貴州仁懷市茅台鎮，有2000多年的歷史，主要是用赤水河的水釀製。茅台酒的釀造方法獨特，採高溫大麴，用麴量超過原料高粱的用量。在釀造當中2次投料，8次高溫堆集發酵，8次下窖，7次蒸餾取酒。由於每次取的酒品質不同，香味有別，最後要互相摻兌起來，調入陳酒，使之達到最適口的程度。茅台酒在調配時從不加一滴水，都是以酒勾酒，因此酒度低而不淡，純潔、微黃、晶瑩，柔綿醇厚，既不刺喉又不上頭，飲後令人愉快舒暢，蕩氣迴腸。

古老的水車是貴州傳統的灌溉工具。

工業

貴州的重工業主要有煤炭、電力、有色冶金、化學、機械製造等部門，六盤水市是中國南方地區的煤炭基地。黔西南地區是中國黃金生產的「金三角」之一；鋁土礦集中分布於修文、清鎮及遵義、開陽、貴陽、織金一帶，品質高，儲量居全國第三位；開陽、甕安、福泉是中國磷礦石生產基地之一。機械工業以礦山、農業、運輸機械、機床、鍛壓設備、電工儀錶、電子和光學儀器等為主，輕工業以捲菸、釀酒、紡織、造紙為主，製糖、日用化工、小五金、皮革、塑膠等工業也相應建立。捲菸工業除貴陽、貴寶、平壩建有復烤和捲菸廠外，遵義、畢節、黃平等地也新建一批捲菸工業。釀酒工業分布普遍，其中，仁懷的茅台酒歷史悠久，馳名中外。傳統的手工藝品以玉屏的簫笛、大方的漆器、安順的蠟染、威寧和安順的地毯、貴陽的木刻較著名。

交通

貴州省交通以川黔、黔桂、湘黔、貴昆、南昆鐵路為骨幹，全省鐵路漸成網路，貴陽是中國西南地區重要的鐵路交通樞紐，貴廣、長昆、渝黔、成貴四條高速鐵路都在貴陽北站匯合。公路運輸以貴陽、遵義、安順、都勻、凱里、畢節為中心，公路網輻射全省所有的縣、區和90%以上的鄉鎮。航空交通以貴陽為中心，可通往全國各大城市。內河航運也有所發展，多數河道中下游可通行小型船舶。貴州目前已經接入全國高鐵網，貴廣、滬昆高鐵已開通。

貴州地處雲貴高原，雨量豐沛，茶葉風味獨特，品質上乘，香味濃郁，滋味鮮爽，其中以都勻毛尖、遵義毛峰、貴陽羊毛峰、雷山銀球茶等最為有名，初春時節茶園裡到處都是忙碌的身影。

✈ 旅遊地理

貴州省的自然風光以岩溶高原峽谷景觀為特色，黔南、黔西南、黔中地區都有岩溶峰林，還有回水、天星、銀灘等石林，織金洞、白龍洞、安順龍宮等洞穴。貴州的瀑布、峽谷也聞名天下，有號稱中國第一瀑的黃果樹瀑布、十丈洞瀑布、滴水灘瀑布和馬嶺河峽谷、思南烏江峽、花江大峽谷等。有「高原明珠」之稱的紅楓湖、荔波樟江、貴陽花溪、威寧草海也是相當迷人的水景，貴陽的梵淨山、都勻的斗篷山、雷山的雷公山等則是貴州的名山。此外，還有黔西百里杜鵑、茂蘭岩溶原始森林和榕江增沖鼓樓、甲秀樓等風景勝地和古代建築。

黔靈山九曲徑上摩崖古蹟很多，其中清人趙德昌於咸豐十年（1860）所書「虎」字崖刻，高約6.2公尺，寬約3.7公尺，筆墨道勁，引人注目。

梵淨山

大梵淨山位於江口縣、印江土家族苗族自治縣、松桃苗族自治縣交界處，又名九龍山。因其形似飯甑，以其與梵淨音近，至明代已為佛教勝地，故改名梵淨山。主峰鳳凰山，海拔2572公尺，也是武陵山脈的最高峰。名勝古蹟有老金頂、金頂、九龍池、白雲寺、護國寺、壩海寺、梵淨古蹟、九皇洞、天仙橋和古茶殿遺址。金頂以其在陽光下金光燦燦而得名，又因旭日夕陽將朝雲暮靄染成紅色，而有紅雲金頂之稱。九皇洞、金頂和蘑菇岩一帶可見「佛光」奇景，多出現於晨光暮色中。現已被聯合國教科文組織列入「國際人與生物圈保護區網」。

黔靈山

黔靈山在貴陽市西北郊，山名寓意為「黔南之靈，集於此山」，由大羅嶺、象王嶺、白象嶺、檀山、杖缽峰、獅子岩、寶塔峰等崇山峻嶺組成，其中最高峰大羅峰海拔1500公尺。黔靈山由山腳到山頂有一條蜿蜒的石板小路，有380多級石階，稱為「九曲徑」，俗稱

梵淨山的標誌——蘑菇石。

安順龍宮憑藉著洞最長、洞中瀑布最高、天然輻射最低，被稱為中國洞中的「三最」。

「二十四道拐」。山中古木參天，綠草叢生，抬頭看不到天，低頭看不到泥。小路旁有很多摩崖石刻，有「第一山」、「虎」、「赤松歸隱」等，山腰的古佛洞裡供著苦行佛。山頂有「一泉亭」，亭上懸「洗缽池」橫匾，亭後有洗缽池。黔靈山麓有黔靈湖，距湖500公尺處有一泓「聖泉」，屬潮泉，約9分鐘漲縮一次，頗為奇特。山腳下的小溪旁有麒麟洞，因洞中一個鐘乳石形似麒麟，因而得名。抗戰期間，張學良、楊虎城二將軍曾被囚禁在洞旁的水月庵裡。黔靈山還是一處佛教聖地，弘福寺就坐落其間。

織金洞

織金洞位於織金城東北裸結河峽谷南岸官寨苗族鄉，又名打雞洞，是一個巨大的岩溶洞穴系統，總長12.1公里，總面積70多萬平方公尺。洞內堆積物平均高度40公尺左右，最高堆積物達70公尺，是世界上最美、最奇、最大的鐘乳洞之一，也是亞洲第一大洞，有「鐘乳洞之王」、「天下第一洞」、「岩溶博物館」、「地下藝術宮殿」等美譽。洞中有迎賓廳、講經堂、壽星宮、望山湖、廣寒宮、靈霄殿、水晶宮、塔林洞、十萬大山等12大景區，共47個廳

堂。其中以廣寒宮景區最為宏麗，總面積5萬多平方公尺，有群山、湖泊、石筍和形態逼真的神祕大佛、嫦娥奔月、霸王盔等鐘乳石。最為瑰麗奇特者稱「銀雨樹」，是一株極其罕見的塔樹形開花狀透明結晶體，造型優美獨特，玲瓏剔透，被譽為「國寶」。

天星橋

天星橋在黃果樹瀑布下游6公里處，有3個連接的景區，即天星盆景區、天星洞景區、水上石林區，總面積5.76平方公里。天星橋景區石林遍布、石筍密集、植被茂密、飛瀑成群，集山水之靈氣，匯林石之精巧於一體，景色玲瓏秀美。「風刀水劍刻就萬頃盆景，根筆藤墨繪製千古絕畫」的對聯，概括了天星橋景區的神韻。天星盆景區主要景觀有空靈石、天星照影、側身岩、歪梳石、尋根岩、鴛鴦藤、盤龍圖、美女榕、象鼻石、天星樓、雛鷹出山等；水上石林景區主要景觀有銀練墜潭瀑布、星峽飛瀑布、群榕聚會、根牆屏障、盤根壁畫等；天星洞景區是玲瓏剔透、富麗堂皇的岩溶洞穴。

文昌閣

文昌閣位於貴陽東門城台上，是祭祀文昌、魁星、武安王的建築，始建於明代萬曆二十四年（1596），清康熙八年（1669）重建，後世又幾經修茸。閣高20公尺，9角3層寶塔形木樓，攢尖頂，各層出簷不起翹，底層正面用插出兩挑以承托簷枋，構造簡潔，為中國較古老的斗拱形式。平面底層為方形，二三層為不等邊九角形，此種平面構圖法和九角閣樓式樣在中國內極為罕見。

安順龍宮

安順龍宮位於安順市區西南27公里處，總面積60餘平方公里，以暗湖鐘乳洞稱奇。係由北盤江支流王二河上游河流潛入地下後形成的一組地下鐘乳洞，有暗洞、明洞、峽道等，全長4000多公尺，穿越20多座山頭，串聯90多個鐘乳洞，分為五段，稱「五進龍宮」。一進龍宮由宮門到蚌殼岩，全長800餘公尺，有迎客廳、水晶宮、珊瑚宮、三峽等六個鐘乳洞。六個鐘乳洞積水形成暗湖，由一條寬窄不一的地下河連在一起，既像一根長藤上結著的六個瓜，又像一條綠色絲帶貫串著的六顆珠子；二進龍宮由蚌殼岩到花魚塘；三進龍宮由花魚塘到青魚洞；四進龍宮由青魚洞到楓樹洞；五進龍宮由旋塘經觀音洞到小菜花湖，景觀最為壯麗。

文昌閣高20公尺，色調以青灰為主，門窗雕刻精細，翼角起翹平緩，具有明顯的明代建築風格，是中國唯一的木結構不對稱古建築閣樓。

天星橋瀑布水勢浩大，氣勢磅礴，美不勝收。

黃果樹瀑布群

經典座標

中國最大的瀑布,「白水如棉,不用弓彈
花自散;虹霞似錦,何需梭織天生成」。

　　黃果樹瀑布群是中國也是世界上最壯觀最美麗的瀑布群之一,位於貴陽以西160公里的
白水河上,距省會貴陽137公里。這裡是布依族、苗族的聚居區,附近的石頭寨是最著名
的蠟染之鄉。黃果樹瀑布群形成於典型的亞熱帶岩溶地區,統稱「岩溶瀑布」,分三種類
型,即落水洞型、河流襲奪型和斷裂切割型。黃果樹瀑布群就像一個岩溶瀑布博物館,如
此集中而姿態各異的瀑布群,為中國黃果樹所獨有。

　　黃果樹大瀑布是整個瀑布群中最壯觀的瀑布,其落差67公尺,寬83.3公尺,河水從斷崖
頂端凌空飛流而下,傾入崖下的犀牛潭中,勢如翻江倒海。水石相激,發出震天巨響,騰
起一片煙霧,迷濛細霧在陽光照射下化作一道道彩虹,幻景綽綽。瀑布對岸的觀瀑亭上有

黃果樹大瀑布的半腰有一
個長134公尺的水簾洞。

對聯曰：「白水如棉，不用弓彈花自散；虹霞似錦，何須梭織天生成」，乃其生動寫照。瀑布的形態因季節交替而有變化，冬天水小時，它嫵媚秀麗、輕輕下瀉；夏秋水大時，它撼天動地、氣勢磅礡。有時瀑布激起的水沫煙霧高達數百公尺，漫天浮游，竟使其周圍經常處於紛飛的細雨之中。瀑布後面有水簾洞，可在洞窗內觀看洞外飛流直下的瀑布；每當日薄西山，犀牛潭裡彩虹繚繞，雲蒸霞蔚，蒼山頂上緋紅一片，迷離變幻，這便是著名的「水簾洞內觀日落」。瀑布下的犀牛潭經常掛著七彩繽紛的彩虹，隨人移動，變幻莫測。古人說「天空雲虹以蒼天作襯，犀牛潭雲虹以雪白之瀑布襯之」，故有「雪映川霞」的美譽。

滴水灘多級瀑布又叫龍岩山多級瀑布，位於壩陵河上游，距黃果樹瀑布以西1公里，距關嶺城東約5公里，為黃果樹瀑布群中落差最大的瀑布，兼有高、大、多、美、奇的特點。瀑布共有7級，總落差達410公尺，是黃果樹瀑布的6倍，其中以雞窩田瀑布、沖坑瀑布、滴水灘瀑布最為著名。沖坑瀑布又名高灘瀑布，怒流狂跌，水勢甚猛，落差達140公尺，為黃果樹風景區中群瀑長度之冠。

滴水灘

犀牛潭

西南 雲南

🌐 行政區劃

　　雲南省簡稱滇或雲，因位於雲嶺之南而得名雲南，位於中國西南邊陲，地處北緯21°8`～29°15`，東經97°31`～106°11`。西部同緬甸接壤，南部和寮國、越南毗鄰，東部與廣西壯族自治區及貴州省為鄰，西北隅緊倚西藏自治區，北與四川省相鄰。面積39.4萬平方公里，全境東西最大橫距869.4公里，南北最大縱距990公里，邊界線總長4060公里。轄8個地級市和8個自治州，省會昆明市。

昆明市

　　昆明市為雲南的經濟、文化、交通中心，中國西南門戶，對外開放城市和歷史文化名城。轄7區3縣3個自治縣，代管1個縣級市，面積21501平方公里，人口672萬人。市境位於滇東高原，以起伏和緩的中山、丘陵和陷落的盆地（俗稱壩子）為主。壩子海拔約為1600～2100公尺，多是新生代形成的斷層陷落盆地，以滇池盆地最大，內有西南第一大湖滇池，池周是由20多條河流和滇池淤成的沖積、湖積平原。盆地周圍山地海拔2000公尺以上，祿勸縣轎子山海拔4247公尺，為市境最高點。工業有冶金、煤炭、電力、機械儀錶、輕工、化工、紡織、製藥和捲菸等行業，主要農作物有水稻、小麥、玉米、菸草、油菜。2016年12月28日，滬昆客運專線和南昆客運專線全線開通，標誌著雲南正式邁入高鐵時代。昆明常水國際機場有航班可直通國內外的大小城市。

大理市

大理市是中國歷史文化名城，著名風景名勝區，為雲南省西部輕、化工業城市和公路交通樞紐，是大理白族自治州首府。大理位於蒼山之麓，洱海之濱，面積1468平方公里，人口62萬。214國道縱貫南北，320國道橫貫東西，大理機場有十多條航線通往國內城市。工業以紡織、造紙、捲菸、機械、建築、建材、電力、食品等業為重點，境內有大型紡織印染廠、捲菸廠、水泥廠、西洱河電站等，鄉鎮企業主要從事建築、建材、大理石加工、軋鋼、木器加工等門類。農業生產稻穀、玉米、小麥、蠶豆、烤菸、蔬菜，還生產豬、菜牛、禽、蛋、淡水魚等，特產為大理雪梨、蒼山綠茶、下關沱茶。「上關花、下關風、蒼山雪、洱海月」為著名的「大理四景」。

楚雄市

楚雄市是雲南省楚雄彝族自治州的政治、經濟和交通中心，自治州首府。面積4482平方公里，人口59萬，位於雲南高原中西部，處於元江與金沙江的分水嶺地帶。西部山巒重疊，東部多丘陵平壩，一般海拔1800公尺，西南部小越墳山最高，海拔2916公尺。龍川江由南向北注入金沙江，元江及支流馬龍河流經市區南部。廣（通）大（理）鐵路、320國道和安（寧）楚（雄）公路過境。工業有冶金、煤炭、機械、電力、造紙、印刷、製糖、捲菸等業，土特產有大白芸豆、香菌、木耳、松茸、牛肝菌等。農業以水稻、小麥、包穀、烤菸種植為主。

👤 人口、民族

雲南省共有人口4770萬（2016年），具有人口增長速度快、農業人口比重大、分布不均勻、少數民族多的特點。全省人口分布極不均勻，中部、東部人口較密，滇西北及南部邊緣地區人口稀少，同一地區人口又主要集中在壩區及河谷地區，山區居民稀少。雲南是中國民族最多的省分，除漢族外，有彝、白、哈尼、壯、傣、苗、傈、回、拉祜、佤等25個世居少數民族，其中15個少數民族的主要聚居地在雲南省，以彝族人口最多。

大理古城保留完整的城樓。由於一些歷史原因，人們常將大理市區與大理古城之間的關係混淆，大理市是指大理州的首府，即下關；大理古城指距市區30公里處的南詔古都。古城內嚴禁任何車輛行駛，是一座真正以人為本的城市。

彝族婦女頭飾。

彝族

彝族是雲南少數民族中人口最多的一個民族，有502萬人（2010年），而以楚雄彝族自治州、紅河哈尼彝族自治州、哀牢山區、烏蒙山區和滇西北小涼山一帶比較集中。彝族有自己的文字，語言屬於漢藏語系藏緬語族彝語支。彝族支系繁多，主要有諾蘇潑、納蘇潑、聶蘇潑、改蘇潑、撒尼潑、阿細潑、濮拉潑等。彝族人民多流行「跳樂」，有不少地方也稱「打歌」、「跳歌」、「打跳」、「疊腳」等等，其舞蹈動作大致相同。彝族最盛大的節日是每年農曆六月二十四舉行的「火把節」，會舉行摔跤、鬥牛和歌舞活動，夜晚各村各寨都要燃起火把，人們朝火把上撒松香，相互祝福。每年農曆二月初八是彝族的插花節，人們把杜鵑花插在門前和屋後，掛在牛羊角上，不論男女老少，人人戴花祈求吉祥幸福。彝族的傳統工藝美術有漆繪、刺繡、雕刻等。

白族

白族是雲南特有的民族，有人口156萬（2010年），主要聚居在大理白族自治州。白族語言屬漢藏語系藏緬語族白語支，人民多數通曉漢語，漢文一直是他們慣用的文字。大理白族歷史悠久，文化發達，在歷史、天文、氣象、醫學等方面都積累了豐富的知識和經驗，神話傳說和民間故事更是豐富多彩。白族傳統服裝的色調偏重白色，男子通常穿白色的對襟上衣，外面套一件黑領褂；婦女著白上衣再套一件藍色、紅色或黑色的坎肩，腰上繫著繡花的小圍裙。大理白族酷愛花，幾乎家家都種花，當地有「三家一眼井，一戶幾盆花」之說。姑娘的名字大部分都帶有「花」字，如：金花、銀花、德花、美花、春花等。白族傳統的節日有火把節、繞三靈、漁潭會等等，最隆重的是「三月街」。

白族少女。

正在唱山歌的傈僳族姑娘。

哈尼族

哈尼族源於古代的氐羌族群，是中國西南邊疆古老的民族之一，人口163萬（2010年），絕大部分分布在雲南省南部紅河與瀾滄江的中間地帶，其中哀牢山區的元江、墨江、紅河、元陽、金平等縣，是哈尼族人口最集中的地區。哈尼族有本民族語言，無本民族文字，族人以農耕為主。哈尼山寨一般建在朝陽、開闊、涼爽並有泉水的山梁或半山腰，往往依山勢建立村寨。哈尼族人的住房有土木結構草頂樓房、干欄或竹木結構樓房等幾種，反映出農耕生活的特點。哈尼族婦女喜戴鑲有小銀泡的圓帽，戴耳環、耳墜和大手鐲。

怒族婦女多喜戴頭飾和胸飾。

傈僳族

傈僳族主要聚居在雲南省怒江傈僳族自治州，四川省的鹽源、鹽邊、木里等縣也有少量分布，人口60萬（2010年）。傈僳族先民早在八世紀以前便居住於四川雅礱江及四川與雲南交界地的金沙江兩岸廣大地區，有自己的語言，傈僳語屬漢藏語系藏緬語族彝語支。族人主要從事農業生產，以種植玉米為主，還有水稻、小麥、蕎麥等，經濟作物有麻、甘蔗等，並出產名貴的毛皮和山貨。傈僳人喜愛唱歌對調，甚至連打官司或調解糾紛也常採用唱調子的形式解決。

白族民居住房多採取「三坊一照壁」、「四合五天井」格式。

傣族的一支——花腰傣。

拉祜族人都能歌善舞。

怒族

怒族共有人口2.8萬（2010年），主要分布在雲南省怒江 傈族自治州的福貢、貢山及蘭坪縣和迪慶藏族自治州的維西縣。怒族是怒江和瀾滄江兩岸古老的民族之一，有兩個來源：福貢縣一帶怒族可能來自今日大小涼山一帶；貢山縣一帶的怒族則可能來自怒江北部貢山一帶。他們有自己的語言，沒有本民族文字，怒語屬漢藏語系緬語族，各地語言差別很大，福貢、蘭坪等地怒語互不相通。族人主要從事山地農業，以種植玉米、蕎子、青稞為主，兼種薯類和豆類。

傣族

傣族主要分布於雲南省南部和西部，有人口122萬（2010年）。南部主要居住於西雙版納傣族自治州的景洪市和猛海、猛臘二縣，西部主要居住於德宏傣族景頗族自治州的潞西、瑞麗、盈江、畹町等縣鎮。傣族先民為古百越中的一支，遠在一世紀，漢文史籍已有關於傣族的記載。在傣語中「傣」意為「熱愛和平、勤勞、勇敢的民族」，有水傣、旱傣和花腰傣之分。傣語屬漢藏語系壯侗語族壯傣語支，有自己的拼音文字。飲食以大米為主，喜歡飲酒和吃酸辣食品，好吃魚蝦等水產，還有嚼檳榔的習慣。分上下兩層的干欄式建築是傣族民居的主要形式。潑水節是傣族每年中最盛大的節日，為傣曆新年，大約在農曆清明後10日。

拉祜族

拉祜族聚居於雲南省瀾滄縣、孟連縣，散居於雲南西南邊境各縣，有人口47萬（2010年）。拉祜族自稱拉祜、拉祜納（黑拉祜）、拉祜西（黃拉祜）、拉祜普（白拉祜），也稱俾黑、哥搓、緬、苦聰等，他們與彝族、納西族等同源於古代氐羌族系。族人有自己的語言，拉祜語屬漢藏語系藏緬語族彝語支，曾使用西方傳教士創制的拉丁字母形式的文字。人民主要從事農業，以種植水稻、玉米為主，兼營茶葉、菸草、劍麻等經濟作物和松、杉、楠、樟等多

種經濟林木。

納西族

　　納西族原是中國西北古羌人的一支，約在3世紀遷徙到麗江一帶，現主要聚居於雲南省麗江市。族人大多信奉「東巴教」，早在1000多年前他們就創造了東巴象形文字和用這種文字寫成的東巴經。東巴文字共有1400個單字，被譽為世界上唯一「活著的象形文字」。納西古樂是廣泛流傳於納西族民間的一種古典音樂，將道教法事音樂、儒教典禮音樂，甚至古詞、曲牌音樂奇妙地融合在旋律中，形成一種清純空靈的韻味。納西族的典型食品有火腿粑粑、麻補、雪蓮花拼盤、麗春銅火鍋等，族人精心醃製的琵琶

東巴文字。

🏛 歷史文化

　　170萬年以前元謀猿人的捕獵活動揭開了中國歷史的序幕，其後的西疇人、麗江人、昆明人紛紛展開雲南豐富多彩的歷史畫卷。西元前三世紀，楚國將軍莊蹻統一滇池地區，自立為王；後來秦始皇修五尺道，統一雲南，從此雲南在中央政府的管轄下加強與中原經濟文化的聯繫。蜀漢時期諸葛亮平定南中，促進雲南的發展；唐宋時期先後出現了南詔和大理兩個臣屬於中央政府的國家，留下燦爛的文化。雲南的文化主要是這裡眾多少數民族創造的，被譽為「活著的象形文字」的東巴文、世界上最古老的音樂納西古樂、世界最古老的銅鼓萬家壩銅鼓等，都具有鮮明的少數民族特色。

演奏納西古樂的老人。

元謀人

　　元謀人是中國已知最早的人類，而在元謀人被發現之前，北京人和藍田人是最早的，集中在北方地區。1965年5月，考古學者在雲南元謀上那蚌村的早更新世地層中，意外發現早期猿人的兩枚上中門齒，並在周圍地區發現少量石製品和大量炭屑。兩枚門齒一左一右，屬於同一個成年個體，經古地磁學方法測算，距今至少有170萬年的歷史。先後出土的石製品共有7件，原料為

元謀人使用的刮削器。

脈石英，器型不大，有石核和刮削器，有很明顯的人工痕跡。大量炭屑和兩塊被燒過的骨頭表明當時的元謀人已經能夠使用火，這項發現把早期人類在中國大地上的歷史向前推進100多萬年。

天寶戰爭

唐天寶九年（750），南詔王閣邏鳳攜妻子到雲南（今姚安）謁見太守張虔陀，不料妻子遭到張虔陀的侮辱，他便列舉張虔陀的6條罪狀，接連上表控訴，但都沒有結果。於是閣邏鳳起兵殺了張虔陀，並奪取姚州及30多個小州縣。次年，劍南節度使鮮于仲通率兵8萬前來問罪，閣邏鳳再三派人帶著狀紙去澄清自己的冤屈，表示願意修復並歸還被毀壞的城府、釋放俘虜、

賠償損失。但是鮮于仲通驕傲自大，不許講和，口口聲聲要血洗南詔，並派大將率兵繞過蒼山，企圖腹背夾擊南詔，於是閣邏鳳向吐蕃求援，雙方合力在西洱河大敗唐軍。754年，唐王朝又強行徵兵10餘萬，由李宓率軍再次攻打南詔，結果全軍覆滅。這兩次戰爭都是在天寶年間進行的，所以史稱「天寶戰爭」，戰爭的主要責任在於唐朝實行錯誤的民族政策。閣邏鳳知道國家統一、民族團結是人心所向，是歷史發展的趨勢，於是收殮唐軍陣亡將士的遺體，同時在都城太和城（今大理太和）立下「南詔德化碑」，詳細記錄天寶戰爭的起因和經過，表達自己不得已而叛唐的苦衷。唐貞元十年（794），閣邏鳳的後代向唐王朝請求歸順，南詔終於回到中國的版圖。

地貌

雲南省地貌以山地高原為主，壩子星羅棋布，垂直高差懸殊，地勢北高南低，呈階梯狀下降。最高點位於西北部滇藏交界處的梅里雪山主峰卡格博，海拔6740公尺。雲南地質構造和地貌均以元江河谷為界，分為東、西兩大部分，西部屬於巨大的反「S」形構造；中段位於滇西北，稱橫斷山系縱谷區；東部地質構造體系複雜，分別屬於通海山字型和文山山字型構造，是組成雲南高原的骨架。

梅里雪山

梅里雪山屬橫斷山脈，南北縱長30公里，東西寬度36公里，位於雲南迪慶藏族自治州德欽縣，處於世界

南詔德化碑。

梅里雪山。

聞名的金沙江、瀾滄江、怒江「三江並流」地區。梅里雪山北與西藏阿冬格尼山、南與碧羅雪山相連接，海拔6000公尺以上的山峰有十三座，稱為太子十三峰，其中卡格博峰最高，海拔6740公尺。梅里雪山從峰頂到山腳瀾滄江邊明永河入口處（海拔2038公尺），高差達4700公尺，在水平距離14公里的範圍內，平均每向前1公里就會上升360公尺，山勢陡峭，周圍還有20多座終年積雪的山峰。

哀牢山

哀牢山是元江與阿墨江的分水嶺，為雲南高原和橫斷山脈兩大地貌區的分界線，也是雲南高原氣候的天然屏障。哀牢山北起於大理州南部，止於紅河州南部，長近1000公里，海拔約2000公尺以上，3000公尺以上山峰有9座，主峰3166公尺。哀牢山在氣候上的主要作用在於，冬季弱冷空氣被山體阻擋，強冷空氣翻過山體後成強弩之末；西南暖濕氣流東進時也受山體阻擋，形成哀牢山以西、以南降水多於東部，氣溫較同緯度、同海拔的東部地區高，冬季寒流入侵次數較東部少的特點。

迪慶境內的梅里雪山，神祕莫測，雍容高貴，山下的瀾滄江在此處拐成一個大彎。

雲南哀牢山梯田

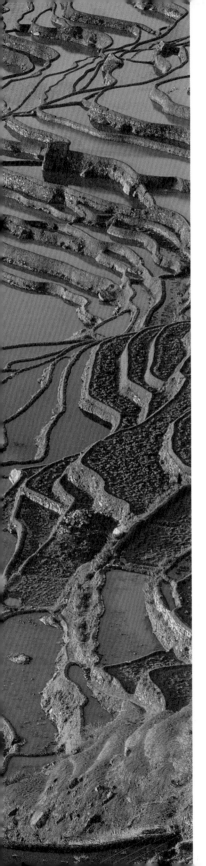

🐾 水系

　　省內河流具有水位季節變化大，水流湍急，水力資源豐富等特點。受山脈走向控制，滇西北地方怒江、瀾滄江、金沙江順地勢自北向南平行流動，金沙江流至麗江石鼓附近突然折向東流，怒江和瀾滄江流至北緯25°附近呈輻射狀散開，形成「帚形」水系。本省河流分屬伊洛瓦底江、怒江、瀾滄江、金沙江、元江和南盤江六大水系，省境內呈南北向條狀分布的斷層湖多達40餘個，有滇池、洱海、撫仙湖、程海、瀘沽湖等。

滇池

　　滇池是中國西南地區第一大湖，有「高原明珠」之譽，古名滇南澤，俗稱昆陽海或昆明湖。它位於雲南省昆明市城區西南方，南北最長處36.5公里，東西最寬處12.8公里，面積294.5平方公里。滇池為天然蓄水池，容量約15億立方公尺，不僅有供水、防洪、航運、養魚之利，對調節昆明的氣候也有良好作用。

金沙江

　　長江上游宜賓以上的河段稱金沙江，屬典型的峽谷河流。金沙江穿行於川、藏、滇三省區之間，幹流長2308公里，流域面積50萬平方公里。金沙江以「灘多灣急」而著稱，是中國水力資源最豐富的河流。溪羅渡、白鶴灘、二灘、虎跳峽和向家壩等均屬特大型水力發電站壩址。

金沙江三江並流景區。

☁ 氣候

　　雲南省地處南亞熱帶季風、東亞季風及青藏高寒氣候的結合部位，但大部分地區屬亞熱帶高原型季風氣候。最熱月均溫19～22℃，最冷月5～7℃以上，氣溫日溫差較大。由於緯度和海拔增高相一致，致使省內八個緯距內呈現寒、溫、熱三個氣候帶交錯分布。此外，乾濕季分明，年均降水量約1100公釐，5月～10月為雨季，降水豐沛，11月至翌年4月為乾季，降水少，晴天多，日照充足。

🌳 自然資源

　　雲南省高等植物有274科2076屬1.8萬種（包括蕨類植物），為中國植物種類最豐富的省分，素有「植物王國」之稱。雲南也是中國重點林區之一，木材總蓄積量居全國第三位。滇南一帶還有眾多被稱為「活化石」的第三紀古老樹種，如木蘭科的木蓮、龍腦香科的東京龍腦香等。雲南中藥資源共達5050種，動物種類也居全國之冠，而且多珍貴稀有種，列為國家保護的動物種類幾乎占了半數。還有礦藏155種，其中50多個礦種的保有儲量居全國前十名。

雲南西雙版納熱帶植物園裡面的鐵樹，是迄今為止發現的最古老的鐵樹，樹齡近千年，學名為篦齒蘇鐵，為國家二級保護植物。

茈碧蓮

　　茈碧蓮屬睡蓮科，為多年生水生植物，是新生代上新世保存至今的古老種。葉為心狀卵形或卵狀橢圓形，花瓣白色，萼片宿存。茈碧蓮雖在全國廣泛分布，但僅雲南茈碧湖中的茈碧蓮被認為是野生原種。

蜂猴

　　蜂猴別名懶猴，屬懶猴科，屬國家一級保護動物，分布於雲南和廣西南部。蜂猴體型較小而行動遲緩，是較低等的猴類，體長32～35公分，主要棲於熱帶雨林及亞熱帶季雨林中。

望天樹

　　望天樹屬龍腦香科，為國家一級保護稀有種，屬於常綠大喬木，高40～80公尺，胸徑1.5～3公尺。樹幹通直，光樹枝下高度就有30多公尺，有發達的板根，材質堅硬。葉橢圓形，近平行側脈14～19對，在葉背面凸起。花黃白色，堅果密被白色絹毛，具有等長或3長2短的由萼片增大而成的翅。望天樹僅分布於雲南、廣西，生長於海拔350～1100公尺處的熱帶季風區河谷地帶。

鐵樹

　　鐵樹為裸子植物亞門、蘇鐵綱、蘇鐵目植物，又名蘇鐵、鳳尾蕉等。據說它木質密度大，沉重如鐵，入水即沉，因而得名。鐵樹是世界上最古老的種子植物，被地質學家譽為「植物活化

蜂猴

石」，主要分布在南北半球的熱帶及亞熱帶地區，中國野生的有1屬（蘇鐵屬）約10種，分布於雲南、廣東、福建、貴州、湖南、海南等地。葉為羽毛狀，向四周伸展，如孔雀開屏，極富觀賞性；種子大小如鴿卵，略呈扁圓形，金黃色，有光澤，圓環形簇生於樹頂，十分美觀。

亞洲象

亞洲象俗稱野象、老象，屬於哺乳綱，長鼻目，象科，為國家一級重點保護動物，瀕危物種。雄象高達2.5公尺，體重3～6噸。上門齒突出於口外，略向上翹，最大的象牙長達1.5～1.8公尺。亞洲象常見於海拔1000公尺以下的森林地帶，喜群居，每群數頭、數十頭不等，常成群在水塘戲耍。

亞洲象。

綠孔雀。

綠孔雀

綠孔雀別名爪哇孔雀，屬於雉科，為國家一級保護動物，分布在雲南南部，棲息於海拔2000公尺以下的河谷地帶。雄鳥全長約140公分，雌鳥約100公分。雄鳥體羽翠藍綠色，下背閃紫銅色光澤，頭頂有一簇直立的羽冠。尾上覆羽延伸成尾屏，可達1公尺以上，羽上具有眾多的由紫、藍、黃、紅色構成的大型眼狀斑，開屏時顯得異常豔麗、光彩奪目。雌鳥羽色以褐色為主，帶綠色輝光，無尾屏。

滇金絲猴

滇金絲猴又稱黑仰鼻猴、長尾巴猴、翹鼻猴，屬哺乳綱，靈長目，猴科，疣猴亞科。滇金絲猴體形粗壯結實，成體體重約15～18公斤，鼻短，鼻梁凹陷，鼻尖向上翻，鼻子朝前，形成仰鼻。牠們主要棲息於海拔3300～4100公尺高山的暗針葉林帶。

經濟

雲南省全境為「九分山和原，一分壩和水」。農業生產深受自然條件的制約和影響，水熱條件隨海拔不同而異，具有突出的「立體農業」特點，地區差異顯著。農業中以種植業占主要地位，兼有農區和林牧區的畜牧業特色。工業包括冶金、機械、煤炭、電力、化工、食品、紡織等部門，基本發揮了省內食品、有色金屬、磷礦石、水能等資源的優勢。全省交通受地理限制，以公路交通為主，鐵路交通也在迅速發展，近幾年內將有3條高鐵進出雲南省，內河航運則有瀾滄江國際航道。

雲南羅平的油菜花田，氣勢壯觀，多達20萬畝，放眼望去一片金黃，使人無不感歎羅平是「金玉滿堂」之鄉。

昆明小菜園立交橋。

農業

雲南種植業以水稻、玉米、小麥和豆類、薯類等糧食作物為主，其中水稻最多，集中於中、南部熱帶和亞熱帶壩區。經濟作物主要有甘蔗、烤菸、油菜、茶葉等。烤菸主要集中於滇中高原的曲靖、玉溪、昭通、楚雄等地，種植面積和產量居中國第二位。近年來花卉種植業發展很快，也盛產三七、天麻、當歸、蟲草、杜仲等多種名貴藥材，並盛產多種水果。牲畜有黃牛、水牛、馬、驢、騾、豬、綿羊、山羊、兔，高寒山區有犛牛和牛。林牧區分布海拔較高，畜牧業比重高於農區，以定居放牧為經營特點。

工業

食品工業是雲南省最主要的工業部門，捲菸、製糖、茶葉等在全國都占有重要地位，有「雲煙之鄉」之稱。雲南的冶金工業以有色金屬的開採和冶煉為主，是中國有色金屬的重要生產基地。其中，個舊錫礦馳名世界，產量居全國第一位，享有「錫都」的稱譽；東川、易門、永勝為主要銅產地。蘭坪鉛鋅礦儲量大而集中，品位高而易開採，冶煉規模也較大，其次為會澤等地。手工業是雲南歷史悠久的傳統工業部門，主要有大理石製品、建水陶器、騰沖玉雕等。

交通

1950年代以前，雲南省僅有滇越鐵路和礦山支線等窄軌鐵路，50年代後成昆、貴昆兩條鐵路幹線建成通車。昆明至南寧的鐵路加強了雲南同華南地區的聯繫，同時，滬昆、渝昆、雲桂等三條高鐵線路也承擔了省際運輸任務。公路運輸是雲南主要的運輸方式，公路幹線以昆明、下關為中心，主要有昆明─畹町、昆明─打洛、昆明─那發等公路幹線以及與鄰省（區）銜接的滇黔線、滇桂線、滇川線和滇藏線等。民用航空運輸以昆明為中心，並闢有昆明到仰光、曼谷、萬象的國際航線。內河通航里程1324公里，還闢有國際航道瀾滄江─湄公河航道。

✈ 旅遊地理

雲南省西部巍峨的雪山群中隱藏著夢幻般的香格里拉，險峻的峽谷、奔流直下的大河構成這裡刺激而又浪漫的風光。世界文化遺產之一的麗江古城，北回歸線上的綠寶石──西雙版納，雲貴高原上星羅棋布的壩子，「風花雪月」的大理、四季如春的昆明等歷史文化名城都坐落在這片土地上。南詔、大理等古國在這裡留下了燦爛的文化，路南石林、元謀土林、騰沖火山熱海則是造化送給雲南的神異風光，諸多少數民族的服飾、建築、歌舞更增添了雲南的綺麗神祕。

石林風景區

石林風景區位於雲南省石林彝族自治縣境內，為石灰岩溶地貌的特有形態。在距今約3.6億年前的古生代泥盆紀時期，石林縣一帶還是滇黔古海的一部分，後來這裡的地殼不斷上升成為陸地，又歷經千百萬年的雨水沖蝕、風化，石灰岩層逐漸演變成一叢叢巨大的灰黑色石峰石柱。因其遠望猶如一片莽莽蒼蒼的黑森林，故名「石林」。石林風景區面積約300平方公里，遊覽區約0.8平方公里，有大石林、小石林、石林湖、芝雲洞、李子箐石林、奇風洞、疊水飛瀑等景區，主要景點有阿詩瑪、觀音石、望夫石、犀牛望月、劍峰池、蓮花峰、靈芝石、鳳凰梳翅、落雁峰、蓮花池、獅子池、出水觀音、唐僧石、十八相送、孔雀開屏、蛟龍出海、牛郎織女、仙猴戲桃等。

石林風景區。

崇聖寺

崇聖寺位於大理古城（今中和鎮）西北約2公里處的蒼山應樂峰下，為南詔、大理國時期的一座規模宏偉的佛教寺廟，又名三塔寺。三塔是崇聖寺前的一組建築群，約建於11世紀大理國時期。現寺廟已毀，只有三塔保存至今。主塔又名千尋塔，底寬9.9公尺，高69.13公尺，16層密簷，平面呈方形。塔基為上下兩台四方形雙基座，用石疊砌四壁，四周裝有帶石勾欄的青石板欄杆。塔身由下而上，每級結構基本相同。塔形與西安小雁塔、河南嵩嶽寺塔形狀相似，具有典型的唐代建築風格。南、北二小塔在主塔之後，呈鼎足之勢，兩塔均為八斜形簷式實心磚塔，各高43公尺。崇聖寺三塔鼎足而立，渾然一體，矗立於蒼山之麓、洱海之濱，氣勢雄偉。

蝴蝶泉

距大理古城35公里，在蒼山雲弄峰下的綠樹叢中有一泓清泉。白族人傳說，從前曾有一對戀人在此殉情並化為蝴蝶，所以給此泉起名為蝴蝶泉。泉池面積50平方公尺左右，泉底是卵石，泉水從白沙中湧出，清澈見底。泉池周圍有大理石圍欄，上

崇聖寺三塔。

方三塊大理石上有郭沫若手書的「蝴蝶泉」三個字。泉旁有一棵古老的雙香樹，如同一把大傘覆蓋在泉上，因為樹葉形似蝴蝶，又稱為蝴蝶樹。每值夏天，開花時發出一股股淡淡的清香，香味四溢，招來大量的蝴蝶在泉邊飛舞，有的還成串吊掛在樹枝上，形成蝴蝶泉奇觀。每年農曆4月15日，白族青年男女都要在泉邊舉行盛大的「蝴蝶會」。現在泉畔建有蝴蝶館，面積1600平方公尺，展出11科400餘種4.5萬餘隻單體蝴蝶。

燕子洞

燕子洞位於建水縣城東30公里瀘江河流經的一個盲谷中，以春夏間有百萬雨燕巢居其中而得名。燕子洞有上下兩洞，上為旱洞，下為水洞。旱洞形似一座巨大的天生橋，兩面透光，可容千人，有大廳、絕壁遊廊和明清石刻、觀音像等；水洞為瀘江河4公里伏流的地下通道，高50餘公尺，寬30餘公尺，有千層蓮台、小喬初嫁、少女晨浴、雙象戲水、金毛吼獅、犀牛望月等鐘乳石景。因含有多種礦物質，岩溶石色呈現出金黃、粉紅、嫩綠、青黛、暗赭、乳

燕子洞。

白等色,五彩繽紛,宛如瑤池仙境。最著名的為水洞後大廳,高約50多公尺,面積達2萬多平方公尺,為亞洲最大的洞廳之一。岩壁、洞頂布滿大白腰雨燕的「燕窩」,滋味極鮮美,為營養價值極高的珍貴滋補品。每年8月8日至10日,都會在此舉行燕窩節,進行徒手攀登絕壁採集燕窩的表演。每年3月21日還要舉行驚險的「鐘乳懸匾」儀式,表演者凌空攀援於洞頂下垂的鐘乳石縫隙中,把飾有彩花飄帶、鞭炮的匾額懸掛到鐘乳石上。

西雙版納

西雙版納風景區是地球北回歸線上少有的一片綠洲,與海南島五指山一起,是中國兩處得以保存的原始熱帶森林區。西雙版納位於雲南省南部,西雙版納傣族自治州境內。北面有雲貴高原作屏障,擋住了寒流,南面受印度洋西南季風的影響,氣候濕潤,因此冬春無寒潮大風,夏季無颱風暴雨。這種得天獨厚的自然環境,使這裡蘊藏著豐富的森林資源和繁多的植物種類。原始森林

西雙版納高山榕。

中有高等植物5000多種，大約占全國的1/6。高達80公尺的望天樹、獨木成林的高山榕樹，有「活化石」之稱的樹蕨、雲南蘇鐵、野茶樹等為國家重點保護的珍稀植物。這裡的動物種類也非常豐富，有亞洲象、蜂猴、麂鹿、綠孔雀和太陽鳥等250多種珍稀動物。景區內有孔雀湖、大象湖、大宗河瀑布等景點，還有景真八角亭、曼冷緬寺、曼飛龍塔、曼閣佛寺等文物古蹟。

蒼山洱海

　　蒼山洱海位於雲南省大理白族自治州，自古就是著名的風景勝地。蒼山又名點蒼山，因山色蒼翠而得名。山景以雪、雲、溪著稱。山南北長42公里，東西寬20公里，由19座海拔在3500公尺以上的山峰組成，峰頂終年積雪，經夏不消，景色壯麗。「蒼山雪」是大理風花雪月四景之一，雲景中最神奇的是「望夫雲」和「玉帶雲」。每當冬春時節，蒼山玉帶峰頂常會出現一朵孤單的白雲，忽起忽落，當它出現時，點蒼山便狂風大作，洱海也隨之波濤洶湧。傳說這是阿鳳公主要吹乾洱海好與被壓在海底的情人見面，所以稱為「望夫雲」。夏末秋初雨後初晴的時候，蒼山十九峰半山腰間往往會出現綿延數十里的白雲，因形似玉帶，所以稱為「玉帶雲」。蒼山頂上有不少冰磧湖泊，還有18條溪水夾在19座山峰之間，緩緩東流，注入洱海。洱海古稱葉榆澤，因湖形似人耳而得名，面積246平方公里，平均水深11公尺。湖岸曲折有沙洲，水中有島，人稱「三島四洲五湖九曲」。湖水清澈碧綠，與「蒼山雪」構成「銀蒼玉洱」的美景。此外，「洱海月」也是大理風花雪月四景之一。

麗江古城

　　麗江古城坐落在麗江壩中央，又稱大研鎮，面積約14平方公里，海拔2410公尺，

蒼山洱海。

居住著4200餘戶人家，多為納西族。古城以其建築布局科學著稱於世，1997年聯合國教科文組織把麗江古城列入《世界遺產名錄》。麗江古城始建於宋末元初，至今已有800多年的歷史，西枕獅山，北依象眼山，周圍青山環繞，泉水潺潺穿巷走院，形似一塊碧玉大研，故名「大研」，即大硯的意思。四方街為古城中心，四通八達，周圍小巷通幽，據說是明代木氏土司按其印璽形狀而建。從四方街四角延伸出四大主街，直通東南西北四郊，又從主街岔出眾多街巷，如蛛網交錯，往來暢便。街道全用五彩石鋪砌，平坦潔淨，晴不揚塵，雨不積水，幾乎每條街道一側都伴有潺潺流水。泉水來自玉河，河至鎮北雙石橋，分東、西、中三股流入古城，隨街繞巷，穿牆過屋。水邊楊柳垂絲，柳下小橋座座，形成「家家流水，戶戶垂楊」的獨特風貌。麗江古城還以不築城牆而馳名，據說因為古代麗江世襲的統治者均姓木，若築城牆，則「木」字成了「困」字，故而不築城牆。古城內房舍均為土木瓦頂結構，多為「三坊一照壁」式樣，也有「四合五天井」式。

玉龍雪山

玉龍雪山位於麗江市區北端15公里處，是橫斷山脈雪山群中的最南端。十三峰由南向北縱向排列，南北綿亙35公里，東西寬12公里，主峰扇子陡海拔5596公尺。山上終年積雪，如同銀色蛟龍橫臥山巔，因而得名玉龍雪山。山體雄奇壯麗，氣勢磅礴，有「玉柱擎天」之稱。山上積雪隨著晨昏陰晴的變化、春夏秋冬的更替而變幻無窮，令人百看不厭。玉龍雪山高差懸殊很大，屬現代海洋性冰川。山上經濟林木、藥用植物和觀賞花卉依不同海拔氣候而分布，僅杜鵑花一類就有40多種。海拔4500公尺處還建有四季都可接待遊人的滑雪場。

玉龍雪山景色千變萬化，著名的有「玉湖倒影」、「三春籠煙」、「六月雪帶」、「雲霞五色」、「綠雪奇峰」等12景。

麗江古城建築融匯了白族與漢族
的建築特色，灰瓦、白牆、木結
構。古城四周青山綠樹環繞，終
年積雪的玉龍雪山與古城相映互
襯，如詩如畫。

香格里拉

經典座標

帶著虔誠的心，來到這絕塵的淨域，
頂禮膜拜，這個心中的世外桃源。

香格里拉，是英國著名小說家詹姆斯‧希爾頓在《消失的地平線》中描繪的一個永恆、和平、寧靜之地。小說一出版，立即成為暢銷書，好萊塢以此拍攝的電影也風靡一時，從此「香格里拉」成為人們共同嚮往的世外桃源和理想境界。但是，「香格里拉」究竟在哪裡？半個多世紀以來一直眾說紛紜，直到1990年代，一個消息轟動了海內外：詹姆斯‧希爾頓筆下的「香格里拉」原型就在中國雲南迪慶。

「香格里拉」在迪慶藏語方言中，是一個人神共有、人與自然和諧共榮、無比殊勝的理想境界。四周雪山環繞，梅里、哈巴、白茫、巴拉更宗等大雪山連綿起伏，雄奇挺拔。其中的梅里雪山，冰峰相連，雪峰綿互，主峰卡格博高聳入雲，形如金字塔。在藏族民間，卡格博峰被列為「八大神山」之首，每年冬季前往朝拜的藏民絡繹不絕。白雪皚皚的雪峰下是蒼莽的原始森林，林中有108種珍貴的動植物。山高谷深，迪慶境內高山峽谷比比皆是，梅里大峽谷、虎跳峽和瀾滄江大峽谷，都是世界上最深最險的峽谷之一。

雪山懷抱著廣闊的草原，草原被清澈的江河分為八塊，象徵著八瓣蓮花鋪地。在這寧靜、富庶的地方，純樸的人們有自己的信仰，有輝煌的寺廟，有祥和美麗的日光城、月亮城，人與人之間、人與自然之間和諧共處。

香格里拉是一個永恆、和平而寧靜的世界。

香格里拉屬都湖

香格里拉中甸風光

蜿蜒的河流緩緩流過鬱蔥的草甸

西藏

西南

族占87％。拉薩自然資源豐富，傳統工藝品有藏刀、卡墊、金銀首飾等。拉薩是西藏及其他藏區的主要商品集散地，農業比較發達，畜牧業以牧養山羊、綿羊、犛牛、　牛為主。拉薩市通往自治區外的公路著名的有川藏、青藏、滇藏公路，中尼公路也交會於此，形成西藏的交通樞紐，機場位於山南市貢嘎縣。

行政區劃

　　西藏自治區簡稱藏，因其境清朝劃分為衛（前藏）、藏（後藏）、喀木（康）、阿里四部，總稱西藏，故名。西藏位於中國國境西南部，地處北緯26°52`～36°32`、東經78°24`～99°06`之間。北與新疆維吾爾自治區和青海省毗鄰，東隔金沙江與四川省相望，東南與雲南省山水相連，西接喀什米爾地區，南面與印度、尼泊爾、不丹、緬甸等國家接壤，國境線長4000多公里。面積122萬多平方公里，占國土面積的1/8，居全國第二位。轄拉薩、日喀則、山南、昌都、林芝、那曲6個地級市和阿里1個地區，首府拉薩。

拉薩市

　　拉薩市為中國歷史名城，著名的佛教聖地，同時又是西藏自治區政治、經濟、文化和交通中心，位於自治區東南部、雅魯藏布江支流拉薩河的西岸，海拔3500公尺左右，是中國海拔最高的城市。這裡全年無霧、光照充足，年日照時數3000小時以上，故有「日光城」之稱。轄3區5縣，面積近3萬平方公里，人口90.25萬，居民有藏、漢、回、門巴、納西等13個民族，其中藏

日喀則市

　　日喀則市位於拉薩西250多公里的年楚河和雅魯藏布江南匯合處，海拔3800公尺，面積3700平方公里，是西藏第二大城市，至今已有500多年的歷史。今天的日喀則市是日喀則地區的政治、經濟、文化、宗教和交通中心，城市建設日新月異，公路交通四通八達，歷史上也是歷代班禪的駐錫地。日喀則一帶氣候溫和、日照充足、農業發達，是「西藏的糧倉」之一。古老的日喀則歷史悠久、文化發達，有著名的江孜白居寺、薩迦寺、平措林寺、覺囊寺和帕拉莊園。日喀則市一年一度的札什倫布寺展佛節、跳神節、夏魯寺的西姆欽波

拉薩市。

👤 人口、民族

　　西藏自治區是中國人口最少、人口密度最小的省區，人口323萬。人口密度平均每平方公里不到3人，分布很不平均，主要集中在南部和東部。拉薩城關區附近人口密度每平方公里在100人以上，此外拉孜、薩迦平原、林芝附近的尼洋河河谷、昌都附近的瀾滄江河谷居民也較多。但藏西阿里、藏北那曲西部人口特別稀少，往往百里不見人煙，羌塘草原北部甚至被稱為「無人區」。主要民族為藏族，還有漢族、回族、門巴族、珞巴族、怒族、納西族等民族。

藏族

　　藏族主要聚居在西藏自治區，有人口271萬（2010年）。藏族有自己的語言文字，藏語屬於漢藏語系藏緬語族藏語支；藏文是參照梵文某些字體於七世紀前創制的，為自左至右橫寫的拼音文字。藏族有悠久燦爛的文化，其中著名的文學巨著《格薩爾王傳》是世界上最長的一部英雄史詩。繪畫具有很高的藝術水準，章法嚴謹，結構完整，藏醫、藏藥、藏曆也具有很高的成就。藏族人民能歌善舞，以踢踏舞、弦子舞馳名。

節和藏戲演出，均以其獨特的風格享譽於世。日喀則憑其古老的文化、雄偉的寺廟建築、壯麗的自然景觀，成為西藏最富吸引力的旅遊勝地之一。

日喀則札什倫布寺全景。

門巴族

門巴族主要分布在西藏自治區東南部的門隅、墨脫、措那、隆子等縣，有人口1.05萬（2010年）。門巴族是一個古老的民族，823年設立於西藏拉薩大昭寺前的甥舅和盟碑中提到的「孟族」即包括門巴族。門巴族有自己的語言，門巴語屬漢藏語系藏緬語族藏語支，無本民族文字。門巴族主要從事農業，以耕種水稻田為主，狩獵在門巴族人民的經濟生活中也有一定的地位。

珞巴族

珞巴族主要分布在西藏東南部的洛渝地區及察隅、墨脫等縣，有人口2722人（2010年）。「珞巴」一詞為藏語，意為南方人。他們自古就在西藏的塔布、工布和喜馬拉雅山南坡的廣大地域生息。珞巴族有自己的語言，無本民族文字，族人主要從事農業生產。

松贊干布像。

藏族的民間舞蹈以歌舞形式居多，是藏族人民生活的縮影。由於日常生活中人們都穿著長袖的「楚巴」（藏式長袍），舞蹈中更增添了「一順邊」的美；而虔誠的宗教信仰，則給舞蹈渲染上許多宗教的色彩。

🏛 歷史文化

西藏在古時為羌、戎地，13世紀中葉元朝統一中國，從此西藏正式納入中國版圖。明朝後期，格魯派領袖五世達賴和四世班禪開啟噶丹頗章王朝的統治。到清代開始對西藏的管理作出重大改革，並於1793年頒布欽定《藏內善後章程》，規定由駐藏大臣同達賴、班禪共同督辦西藏地方事務。1951年西藏和平解放，1956年將昌都地區併入西藏，1965年9月9日建立西藏自治區。西藏人文景觀獨具一格，有風景如畫的羅布林卡，有眾多的古代建築和宏偉的宮殿、王陵、遺址等歷史古蹟和民族藝術。

松贊干布

松贊干布是西藏歷史上的第32代贊普，藏族吐蕃國的創建者。7世紀初松贊干布統一吐蕃，建立西藏歷史上第一個王朝——吐蕃王朝，他大力發展農牧業生產，制定文字，頒行治理吐蕃的「大法令」，創設行政制度和軍事制度，統一度量衡和課稅制度，使吐蕃社會有了迅速發展。松贊干布統一吐蕃後，和唐建立良好關係，並於641年迎娶文成公主。文成公主入藏時，攜帶許多

漢族的醫方和著作，隨行隊伍還有各種工匠。松贊干布並遣貴族子弟到長安入國學，後又請蠶種及造酒、碾、紙墨工匠入藏傳授工藝，為中國歷史上漢族和少數民族的關係進一步融合作出重大貢獻。

唐蕃和親

7世紀初松贊干布統一吐蕃後，就與唐建立良好關係，但在以後的發展過程中，這種關係並不是一帆風順的，兩國還多次發生大型軍事衝突。唐蕃之間儘管衝突激烈，但矛盾與衝突是暫時的或局部的，和好的總趨勢並沒有斷，在634～846年的213年間雙方使節往來非常頻繁。唐蕃和親在吐蕃建國之初即開始，634年松贊干布遣使入貢並請婚，唐太宗婉言拒絕，派馮德遐前往撫慰。松贊干布為引起唐政府的重視，發兵直指松州（今四川松潘），但為唐軍所敗，吐蕃退兵後馬上「遣使謝罪，因復請婚」。640年太宗許嫁文成公主，641年初，文成公主在唐送親使江夏王李道宗和吐蕃迎親專使祿東贊的伴隨下，出長安前往吐蕃。文成公主在吐蕃生活近40年，一直備受禮遇並深得吐蕃人民的愛戴，680年病故。

拉薩大昭寺文成公主金像。

唐蕃會盟

安史之亂以後，吐蕃攻唐60多年，致使唐失去大片土地。後來吐蕃發生內亂，國勢漸漸衰落，因此無力攻唐。長慶元年（821）吐蕃派專使要求會盟，

青海塔爾寺的喇嘛們用酥油花再現文成公主入藏時的盛景。

以示和好的誠意，穆宗便派大臣與吐蕃使者在長安西郊王會寺前會盟，約定雙方各守現有邊界，互不侵犯。唐蕃會盟以後，雙方信使往來頻繁，為了表示永遠和好的願景，長慶三年（823）吐蕃在邏些城刻成〈唐蕃會盟碑〉。

五世達賴喇嘛

五世達賴喇嘛羅桑嘉措（1617～1682）是西藏歷史上的重要人物。1641年五世達賴與四世班禪商議後，派人赴青海密召信奉黃教的固始汗率兵入藏，滅掉噶瑪政權，並下令前、後藏13萬戶的賦稅供養達賴，作為黃教的活動費用，黃教在西藏社會的優勢地位遂告確定。1652年五世達賴喇嘛赴京，返藏途中順治皇帝派大臣追贈五世達賴一行，冊封五世達賴金印「西天大善自在佛所領天下釋教普通瓦赤喇怛喇達賴喇嘛之印」，從此「達賴喇嘛」這個封號和達賴在西藏的地位由中央政府正式確定下來。

西藏獨特的戲劇形式——藏戲。

⛰ 地貌

西藏自治區平均海拔4000～5000公尺，是青藏高原的主體部分，地勢總趨勢呈西北高、東南低，自然條件複雜多樣。全區分布有東西向和南北向兩組高大山脈，山勢雄偉壯觀，大體可分為三個不同的自然區：西部藏北高原、南部藏南山原湖盆谷地、藏東高山峽谷區，地貌基本上可分為極高山、高山、中山、低山、丘陵和平原等六種類型。位於西藏南側的喜馬拉雅山，由幾條大致東西走向的山脈組成，平均海拔6000公尺左右，中國和尼泊爾邊境的珠穆朗瑪峰海拔8844.43公尺，是世界最高峰，號稱「世界屋脊」，被譽為地球第三極。

喜馬拉雅山脈

喜馬拉雅山脈是地質時期第三紀由地殼運動抬升起來的世界上最年輕的山脈，由數條大致平行的支脈組成，向南凸出呈弧形，分布於青藏高原南緣，全長約2500公里。山脈由北而南依次為大喜馬拉雅山、小喜馬拉雅山及西瓦利克山等，大喜馬拉雅山大部分在中國境內，平均海拔6000公尺以上，全球14座海拔8000公尺以上的高

喜馬拉雅山脈冰川面積為2968.5平方公里。

峰中有10座分布於此，高山頂部終年積雪。喜馬拉雅山脈的新構造運動十分活躍，地震活動頻繁而強烈，是世界上主要大地震帶之一。山脈南北兩側氣候迥異，南坡氣候暖濕，從熱帶雨林到寒溫帶暗斜葉林均有分布，而北坡氣候高寒乾燥，植被種類簡單。南北兩坡的地形、水文、生物、土壤及農業生產差異均較大。

岡底斯山脈

岡底斯山脈在藏語中意為「眾山之主」，位於西藏自治區西南部、喜馬拉雅山脈北面，是青藏高原南北重要地理界線，西藏印度洋外流水系與藏北內流水系的主要分水嶺。岡底斯山脈的走向受噶爾藏布—雅魯藏布江

斷裂的控制，西起喀喇崑崙山脈東南部的薩色爾山脊，東延納木錯西南，與念青唐古喇山脈銜接。西段的主峰——岡仁波齊峰海拔6656公尺，位於瑪旁雍錯、拉昂錯北面，是佛教著名聖山，在佛經中稱為「底息」，為信徒朝拜巡禮之地。東段海拔7095公尺的冷布崗日為岡底斯山脈最高峰。岡底斯山脈南側即通稱的藏南地區，氣候溫涼稍乾燥，這一地區草場遼闊，耕地集中，為西藏自治區人口集中、農牧業發達的地域。其北側為羌塘高原內流區，氣候嚴寒乾燥，以高山草原為主。

珠穆朗瑪峰（聖母峰）

珠穆朗瑪峰是喜馬拉雅山脈的主峰，海拔8844.43公

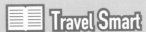

位於喜馬拉雅山脈的納木那尼峰，共有冰川30餘條，是中國境內最大的冰川群。

神山——岡底斯山

岡底斯山素有「神山」之稱，其主峰岡仁波齊，藏語的意思是「神靈之山」。阿里地區的四大河從岡仁波齊四方流下，其泉口分別如駿馬、雄師、巨象和孔雀四種動物，便以這四種動物命名，而這裡的人們認為這四種動物是天上的神靈，於是岡底斯山便成了「神山」，也是佛教的著名聖地。每年有成千上萬的佛門子弟前來朝拜，要是在朝拜中死去，就被視為從聖地升天；要是朝拜回歸，且取得「聖水」，攝得「神土」，便受到當地人們無限的崇敬。

尺，位於喜馬拉雅山脈的中段。「珠穆朗瑪」是佛經中女神名的藏語音譯，由於印度板塊每年以0.508公分的速度向歐亞板塊下俯衝，使整個喜馬拉雅山脈仍在不斷抬升中。珠穆朗瑪峰山體呈金字塔狀，終年冰封雪蓋，山谷冰川發育，山峰周圍輻射狀分布有許多條規模巨大的山谷冰川，長度在10公里以上的有18條。在峰麓冰川前緣往往有一片片的冰塔林，是世界上發育最充分、保存最好的冰川形態。珠峰上氣候南北坡差異大，植物結構差異顯著，南坡植物垂直分

布帶譜明顯，在海拔5000公尺以上的高山地區以高山草甸、雪蓮、苔狀植物為主。

橫斷山脈

橫斷山脈是中國最長、最寬和最典型的南北走向山系，位於青藏高原東南部。橫斷山脈東起邛崍山，西抵伯舒拉嶺，北界位於昌都、甘孜至馬爾康一線，南界抵達中緬邊境地區，長達900公里，面積60餘萬平方公里。境內山川南北縱貫，東西駢列，主峰貢嘎山海拔7556公尺，為橫斷山脈最高

珠穆朗瑪峰山體呈金字塔狀，終年冰封雪蓋，覆蓋面積近200平方公里，有的冰層厚達100公尺，是自然界賜給人類的天然冰庫。

峰。金沙江、瀾滄江和怒江均與山嶺走向一致，向北流去。橫斷山脈的氣候十分複雜，具有寒、溫、熱三帶景色，這裡森林資源富饒，珍稀動物繁多。橫斷山脈是中國重要的有色金屬礦產地，各種礦藏多達百種以上，此處也是中國水能資源蘊藏量最豐富的地區。

唐古喇山脈

唐古喇山脈又稱當拉山，「唐古喇」藏語意為「高原上的山」。唐古喇山脈與喀喇崑崙山脈東尾相接，向東橫貫於西藏北部，一部分為西藏自治區與青海省的界山。唐古喇山屬褶皺斷塊山，僅有少數高峰。現代冰川不甚發育，但冰緣作用強盛，多年凍土發育，流石灘與石海分布較廣，有巨型分選石環等特殊冰緣現象。唐古喇山的植被多為高山草甸和高寒草原，這些草原與草甸是天然草場。青藏公路橫穿此山，公路要隘——唐古喇山口的海拔雖高達5220公尺，但坡度緩，並不險要。

唐古喇山脈上冰緣作用強盛，但在低海拔處的草原和草甸卻是牛、綿羊等牲畜的天然草場。

🌀 水系

西藏是中國河流與湖泊最多的省區之一，流域面積大於1萬平方公里的河流約有20餘條，亞洲著名的長江、怒江、瀾滄江、印度河、雅魯藏布江都發源於或流經西藏。西藏河流水量豐富，水資源總量為4482億立方公尺，水能資源十分豐富，占全國的30%，為各省區之首。中國約有1/3的湖泊也分布在西藏，與長江中下游的外流湖泊遙遙相望，構成東西兩大湖群。在高原上，以納木錯的面積為最大，色林錯流域面積最大，瑪旁雍錯則是最大的淡水湖。由於高原氣候變遷，內陸湖泊補給水量小於湖面蒸發量，有不少湖泊的退縮現象十分明顯。

雅魯藏布江

雅魯藏布江是世界海拔最高的大河，西藏自治區最大河流，屬印度洋水系，「雅魯藏布」藏語意為「高山流下的雪水」。它發源於西藏西南部、喜馬拉雅山脈北麓的傑馬央宗冰川，流域平均海拔約在4000公尺以上，面積24.048萬平方公里。雅魯藏布江支流眾多，集水面積在2000平方公里以上的有14條，其中又以拉薩河的集水面積最大。流域下游地區高溫多雨，巴昔卡附近年均降水量超過4000公釐，個別地區可達5000公釐以上，是中國年降水量最大的地區之一。雅魯藏布江支流眾多，有著豐沛的水能資源，水利水能資源開發條件好，幹流中游河段可興建多座水利水電樞紐，中小支流上已興建多座用於灌溉或發電的水利水電工程。雅魯藏布江幹流中游的拉孜─大竹卡、約居─澤當等河段有通航條件。

雅魯藏布江的河谷沿東西向斷裂帶發育，南北分別被喜馬拉雅山、岡底斯山、念青唐古喇山和伯舒拉嶺山脈挾持，支流眾多而短小。水流緩慢，多彎曲，河谷中湖塘、沼澤星羅棋布，岸邊及山麓有成片的沙地和新月形沙丘，形成特殊的自然景觀。

瑪旁雍錯湖面412平方公里，最大水深81.8公尺，海拔4588公尺，是世界上海拔最高的淡水湖之一。

納木錯

　　納木錯是中國第二大鹹水湖，也是世界上海拔最高的大湖，海拔4718公尺，面積1920平方公里，位於藏北高原東南部、念青唐古喇山峰北麓、西藏自治區當雄和班戈縣境內。納木錯是第三紀喜馬拉雅運動形成的構造斷陷湖，南岸靠近念青唐古喇山，長軸方向與山體走向大體一致。湖水呈正溫層分布，分層現象明顯，主要靠冰雪融水和降水補給，匯入湖中的主要河流有波曲、昂曲、側曲等。納木錯處於半濕潤向半乾旱過渡的草原地帶，在海拔4800公尺以下的湖成平原上發育草原，4800公尺以上為高山草甸，在湖濱濕地及河流兩岸有沼澤化草甸，在河湖邊緣淺水帶有水生植被。納木錯沿湖平原是著名的牧區，湖中盛產高原裸鯉。

瑪旁雍錯

　　瑪旁雍錯藏語意為「不敗、勝利」，有「神湖」之稱，是中國湖水透明度最高的淡水湖泊，位於岡底斯山主峰岡仁波齊峰和喜馬拉雅山納木那尼峰之間，西藏自治區普蘭縣內。湖泊呈「鴨梨」形，北寬南窄，湖水碧透清澈，透明度可達14公尺。湖水礦化度較低，屬於淡水湖，以冰雪融水、雨水補給為主，也有部分泉水補給，周圍多溫泉。湖濱在洪積平原和山麓洪積扇上，為以沙生針茅為主並混生有羽狀針茅、紫花針茅的荒漠草原；湖濱階地上發育了以華扁穗草、細葉西伯利亞蓼、藏北蒿草、青藏苔草等組成的沼澤化草甸。佛教稱瑪旁雍錯為「聖湖」，每到夏秋季佛教徒扶老攜幼來此朝聖，在「聖水」裡沐浴淨身可以延年益壽。

納木錯藏語為「天湖」，為三大聖湖之首，據說和西藏神山之首念青唐古喇山有夫妻之名，是佛教徒的朝拜聖地。

☁ 氣候

西藏氣候類型複雜多樣，總的特點是氣溫低、空氣稀薄、大氣乾燥潔淨、含氧量少、太陽輻射強、日照時間長。西藏年平均氣溫南部高、北部低，全區谷地氣溫日溫差大、年溫差小。由於西藏高原海拔高，氣溫比同緯度的長江流域地區低得多，在西風和西南季風的交替控制下，乾季和雨季非常明顯，氣候類型自東南向西北依次有：亞熱帶、高原溫帶、高原亞寒帶、高原寒帶等。隨著地勢逐次升高，氣溫逐漸下降，出現「一山有四季，十里不同天」的奇特氣候。

🌳 自然資源

西藏由於其特殊的地理條件，自然資源較為豐富，尤其是礦產資源，在目前已探明儲量的礦產中，鉻礦、剛玉、工藝水晶居於全國首位，其餘的銅礦、鋰礦、硼礦、硫、芒硝等也居於全國前列。西藏的地熱和日光資源尤其豐富，已建成號稱「地熱博物館」的羊八井地熱電站。森林資源豐富，木材蓄積量達14.3億立方公尺。西藏的自然環境較為特殊，分布許多世界稀有的動植物，如野犛牛、藏羚羊、雪蓮花等。

羊八井。

羊八井蒸汽田在白雪皚皚的群山環抱之中，這一完美的組合，構成世界屋脊上引人入勝的天然奇觀。

鉻鐵礦

西藏的超基性岩分布很廣，有2條岩帶：雅魯藏布江岩帶長約1600公里，中國1/3的鉻鐵礦集中在這裡；班公錯─怒江岩帶長達1800公里，已發現東巧、依拉山、切里湖、江措、丁青等工業礦床（體），並探明2個小型礦床。鉻鐵礦產於超基性岩中，主礦體規模大，埋藏較淺，水文地質條件簡單，部分適於露天開採。

羊八井「地熱博物館」

羊八井位於拉薩市當雄縣，蘊藏著豐富的地熱資源，被譽為「地熱博物館」。在羊八井地熱區有星羅棋布的溫泉、熱泉以及水溫超過當地沸點的沸泉，噴氣孔噴出的熱蒸氣籠罩地面，像開水鍋上剛揭開的蒸籠。熱水塘、熱水湖的面積從數百平方公尺到數千平方公尺不

由野犛牛馴化而成的家犛牛，是西藏、青海、甘肅等地極其重要的役用獸和食用獸。

Travel Smart

羊卓雍錯

羊卓雍錯是西藏自治區南部最大的內陸湖，位於喜馬拉雅山與干馬拉山之間，是西藏湖泊中形態最不規則的，湖中丘陵突起，多島嶼。西部是卡惹拉山，有冰川發育，冰雪融水是湖泊的主要補給源。羊卓雍錯曾為外流湖，後被洪積扇堵塞而成為內陸湖，並分離出沉錯、空姆錯、巴糾錯等衛星湖，周圍是以放牧半細毛羊而著稱的牧區。

等，還有水熱爆炸穴，熱水上衝幾公尺高至十幾公尺高的間歇噴氣井和鹽泉、硫質氣孔……如此的地熱帶，為西藏能源建設提供新的後備基地。

黃花杓蘭

黃花杓蘭屬蘭科植物，是一種陸生蘭，高30～50公分。花常單生，很少有2花，黃色花瓣上具紫色條紋

苞葉雪蓮。

和斑點。花期5月～7月，產於西藏、雲南、四川、湖北、甘肅、寧夏和青海，生長於海拔1800～3450公尺的林下、灌叢下、高山草地或流石、灘石縫中。

苞葉雪蓮

苞葉雪蓮屬菊科植物，多年生草本，高20～35公分。莖直立，最上部有6～8個膜質黃綠色苞葉，花冠紫色。花期7月～8月，產於西藏、雲南西北部、四川和青海，生長於海拔4300～5100公尺的高山草地、山坡灌叢中。

犛牛

藏北的犛牛有「草原之舟」之稱。犛牛的毛很有特點，夏天，牛毛豎起，成放射狀，容易散熱；冬天，粗毛間長出絨毛，腹部、臀部

等部位也長出大量粗毛，把臀部、胸部、腹部及前肢裹得嚴嚴實實，以維持身體的熱量不會散失過快，保暖性極好。在交通不方便的舊西藏，犛牛除充當常用的運輸工具外，還可以幫助農民踩場，充當打場的「機器」。除家養犛牛外，還有性情兇猛的野犛牛，無法馴養，家犛牛與野犛牛交配所生的小牛也野性十足。家犛牛一旦混跡於野牛群，常被野牛群擁戴為頭牛。

藏羚羊

藏羚羊是青藏高原草原上的流浪者，一年有兩次大型往返遷徙，一次是初夏的產羔季節，一次是深秋的交配季節。每年藏曆四月間是羚羊產羔的季節，母羚從草原四面八方奔赴遙遠的產羔地。在整個產羔育幼期間，

公羚在草場四周嚴密警戒，保護母羚和幼子。每年藏曆九月底至十月初，是羚羊一年一度的交配季節，此時羚羊們都匯聚到著名的羚羊交配場所——足措塘。足措塘是「羚羊集聚地」之意，公羚們首先要展開一場競爭角逐，勝者由一隻公羚打頭，領著十幾隻乃至數十隻母羚浩浩蕩蕩而去，那些競爭失敗的公羚們只好流落他鄉。

藏羚羊。

📷 經濟

西藏由於地理位置、歷史和交通等原因，經濟基礎薄弱。全自治區經濟地區差異和垂直差異顯著，長期以牧為主，農牧並重，農業具有高寒農業特色，畜牧業是自治區的主體經濟。西藏的工業基礎較薄弱，工業不甚發達，民族手工業歷史悠久，如編織地毯，圍裙，製作首飾等。西藏交通不太發達，主要以公路為主，有川藏、青藏、新藏三條公路大幹線，還有部分通往國外的公路，青藏鐵路2006年已建成通車。現有五個機場，旅遊業是西藏目前的支柱產業。

農業

西藏農業生產以牧為主，農牧並重，有獨特的高寒農業特色，地區差異和垂直差異顯著。種植業主要集中於河谷地區和局部高原湖盆，作物種植單調，有「河谷農業」和「高寒農業」之稱。農作物以青稞為主，畜牧業是農業經濟的主體，生產歷史悠久。全自治區的天然草場約占全國的近1/5，是中國五大牧區之一，牲畜以犛牛、藏綿羊、藏山羊、黃牛為主，藏綿羊、犛牛的數量最多。根據自然條件的地區差異和農業部門結構特點，分為藏東北牧區、藏西北牧區、藏西農牧區、藏南農牧區、藏中農區、藏東南農林區、藏東（三江）農林牧區等8個農業區。

中國五大牧區之一的西藏，各類天然草原面積約占中國天然草場總面積的26%，這是西藏畜牧業發達的主要因素。

西藏山南地區農田。

工業

西藏過去只有藏毯、氆氌、花圍裙、藏靴、木碗等傳統手工業，沒有現代工業，中華人民共和國成立後，西藏的工業得以迅速發展，現已建立動力、機械、紡織、皮革等部分工業，多屬小型企業，主要分布在拉薩市、林芝、日喀則、江孜、昌都等地區，較著名的有羊八井電站、拉薩皮革廠、拉薩水泥廠、西藏礦業開發公司、林芝毛紡廠等。隨著林芝毛紡廠的興建，西藏毛紡織工業逐步發展。機械工業以農機修造、汽車修配為主。除地（市）建有農機修造廠外，農業縣、半農半牧縣普遍建有農機修理廠，農業加工工業也初具規模。自治區手工業歷史悠久，主要產品有卡墊（地毯）、圍裙、氆氌、藏鞋、藏帽、藏被、木碗、藏刀、金銀首飾等，其中江孜地毯以織法獨特、色澤鮮豔、圖案多樣享譽國內外。

交通

1951年開始在西藏陸續修建青藏、川藏、新藏三條公路大幹線，後又修建中尼、滇藏、黑阿、川藏南線等主要公路幹線，形成以拉薩為中心的公路運輸網，青藏公路承擔了大部分進藏物資的運輸任務。全區公路里程長達4.3萬多公里，區內98.7％的縣和70％的地區已通公路，從格爾木到拉薩的青藏鐵路已建成通車。從格爾木到拉薩鋪設的輸油管，是世界海拔最高的輸油管道運輸線。民用航空運輸已開闢有拉薩到成都、西安、北京等地航線，還有拉薩至尼泊爾加德滿都的國際航線。西藏雖然河湖眾多，但河運並不發達，僅雅魯藏布江局部河段有牛皮船行駛。

Travel Smart

高原的陽光

西藏高原光能資源豐富，日照長，是中國太陽輻射最多的地方，太陽能資源居世界第二位。由於高原海拔高，大氣清潔，空氣乾燥，緯度較低，所以太陽總輻射量大，年總輻射量自東向西遞增分布。西藏年總輻射較少的昌都地區，年總輻射量也大於內地同緯度地區。太陽總輻射量隨季節的變化同其他地區一樣，以夏天最大，春秋次之，冬季最小。西藏太陽總輻射量的年振幅不算很大，一般比中國東部同緯度地區小。青藏高原是中國日照時數的高值中心之一，全年平均日照時數在1500～3400小時之間，太陽能成為重要能源之一。

青藏鐵路。

✈ 旅遊地理

西藏人文旅遊資源異常豐富，主要包括歷史文物、文化遺跡、工程建築、文化藝術、風土民俗、工藝特產等。西藏的城鎮是綜合性的旅遊基地，是人文旅遊資源集中的地方，也是古代悠久歷史與現代文明相結合的象徵。對外國遊人開放的地區，首先就是這些集人文旅遊資源之大成的城鎮，包括自治區首府拉薩、西藏第二大城市日喀則、藏南山南行署所在地澤當以及藏南中尼通商口岸的樟木等。這些城鎮既匯彙集了市區及郊區的許多名勝古蹟、恢弘建築，又具備比較方便的交通設施。

哲蚌寺的銀質靈塔。

布達拉宮

布達拉宮是拉薩的標誌性建築，「布達拉」是梵文普陀羅音譯，意為「佛教聖地」。現存的布達拉宮基本上是17世紀以後，尤其是五世達賴喇嘛羅桑嘉措掌權時擴建起來的。布達拉宮是西藏歷代達賴喇嘛的冬宮，坐落在市區西北的布達拉山即紅山上，是藏族古建築藝術的傑出代表。布達拉宮由山上的宮殿群、山前的方城和山後的龍王潭花園三部分組成，占地約0.41平方公里，主要殿堂有達賴靈塔殿、東大殿、西大殿、日光殿、壇城殿、極樂宮等數十座，融合藏式古建築藝術與漢式造型的技巧，是漢藏文化融合的結晶。

大昭寺

大昭寺位於拉薩市最繁華的商業街——八廓街的中心，是青藏高原最古老的寺院，融漢、藏、尼泊爾、印度建築藝術精華於一體，雄偉壯觀，建於7世紀中葉松贊干布時代，是由入藏和親的唐文成公主親自勘探地勢並設計、尼泊爾尺尊公主主持修建的，距今已有1300多年歷史。大昭寺主殿四層，上覆金頂，輝煌壯觀，既有唐代建築風格，也有尼泊爾、印度的特色，從而形成獨特的建築風貌。大殿內正中供奉著文成公主由長安帶

藏傳佛教中的彌勒佛像。

來的、唐太宗所贈的釋迦牟尼佛像，兩側配殿供奉著松贊干布和文成公主、尼泊爾尺尊公主等人的塑像。

哲蚌寺

哲蚌寺位於拉薩西北郊，其規模、地位和影響在拉薩三大寺中都占據首位，這座寺院是西藏地區規模最大、喇嘛最多的寺院，占地達0.25平方公里，是藏傳佛教格魯派（黃教）中最大的活佛——達賴喇嘛的母寺。哲蚌寺從明永樂十四年（1416）開始修建，整個寺院以白色為主調，從外觀上看，其整體布局就像米堆一樣，藏語中「哲蚌」就是指「米堆」，因此命名為哲蚌寺，即積米的意思。哲蚌寺內最大的建築為措欽大殿，大經堂的面積十分廣大，可同時容納9000多位喇嘛誦經禮佛，是藏傳佛教寺院中最大的大經堂，素有「東方第一經堂」之譽。大殿的二樓藏滿了《甘珠爾經》，是遠近馳名的佛教典籍寶庫。大殿的三樓供有巨型的彌勒佛像，由藏傳佛教格魯派（黃教）的創始人、宗喀巴的弟子絳央卻傑監造，並由宗喀巴親手開光，是哲蚌寺內最為珍貴的文物。寺內還藏有金汁丹朱手抄的經卷和朝廷贈送的文物。

大昭寺內的酥油花燈。

甘丹寺

所謂「甘丹」，即佛教學說中欲界六天之中的第四天，是彌勒佛教化的世界。以甘丹名寺，取意為「受樂知足而生歡喜之心，盼望死後得升彌勒淨土世界」。甘丹寺位於拉薩以東40公里的拉薩河南岸，是一個龐大的建築群，其建築規模之大相當於三個布達拉宮。甘丹寺是宗喀巴在闡化王的支持下，於1409年創建的，是格魯派（黃教）建造的第一座寺院，並且由宗喀巴擔任甘丹寺第一任池巴（寺主），因此甘丹寺又有格魯派（黃教）首寺之稱。措欽大殿是甘丹寺內最大的一座建築，也是寺內講經誦法的場所，殿中供奉著鑄造精美、高大壯觀的彌勒佛和宗喀巴銅像。

甘丹寺寺內所藏明朝以來的文物甚多，還有宗喀巴及其繼承人的靈塔90餘尊。

札什倫布寺

札什倫布寺藏文意思是吉祥須彌山，即吉祥匯聚之意，位於西藏日喀則城西，是藏傳佛教格魯派在後藏最大的寺院，也是全藏最有名的四大寺廟之一，為四世班禪以後歷代班禪駐錫及安置肉身靈塔之所。札什倫布寺經歷代班禪的擴修和增建，逐漸形成占地4萬餘平方公尺、殿堂56座的規模。措欽大殿位於札寺正中央，又稱大經堂，為全寺喇嘛誦經禮佛的集會場所。殿內供有四至十世班禪的靈塔殿，其中四世班禪的靈塔高11公尺，耗黃金3000兩、白銀50萬兩。

色拉寺

位於拉薩市北郊色拉烏孜山下的色拉寺，是拉薩三大寺之一，「色拉」是酸棗林的意思。據說當年宗喀巴途經色拉烏孜山酸棗林時，乘坐的寶馬無緣無故嘶鳴了三聲，他由此斷定5年之後，此處必有馬頭金剛降臨，遂命其弟子絳欽卻傑‧釋迦也失（即大慈法王）在此建寺立院，並以酸棗林命名。其實此寺的正名應為「秦清林」，意即「大乘洲」。色拉寺的整個建築皆為木石結構，平屋頂覆以阿嘎土（藏區特有的建築材料），外部牆上砌有褐紅色的邊拜飾帶，帶有濃厚的西藏地方民族特色與氣息，寺內有許多佛像文物都是明朝時從內地運來的。

白居寺壁畫

白居寺的藏式壁畫的構圖豐滿而充實，其構圖不講究透視，而是採用俯瞰式的散點布局；其所用的顏料也極具民族特色，是不透明、覆蓋力強的礦物質，並調入生膽汁、骨膠、蛋清等，使得顏色更加豔麗飽滿。匠人在製作過程中還將大量的貴重原料，諸如黃金、珍珠、綠松耳石等直接研磨入料，因而藏式壁畫的華貴是內地寺廟的壁畫遠遠比不上的。藏式壁畫通常在大幅佛教主尊像的背後，描繪各種時代的現實生活場景，如征伐射獵、草原放牧、氈帳生活等。藏式壁畫不僅題材豐富多彩，也極具歷史和藝術價值。

札什倫布寺寺院依山傍水，規模宏大，周圍築有城垣，方圓1.5公里，建築宏偉，層樓重疊，雕樑畫棟，金頂碧瓦。

Travel Smart

八廓街

拉薩市中心的八廓街又稱「八角街」，不但是宗教街、文化街、民俗街，還是一條享譽中外的觀光購物街。八廓街是當今國內外極少見的、典型的舊式市場，兩旁是兩三層的藏式居民樓，上層為住宅，下層為店鋪，有很多充滿鄉土氣息與民族風格的特產，如木碗、銀碗、竹碗，以及嘎烏、編織精細的氆氌、那布、幫典（均係藏族的手工傳統編織品）和各種用途的法器（鼓、鈸、碰鈴、鑼）等。也有許多東西是尼泊爾、印度、不丹等國商人加工的仿製品，如各種骨雕動物、仿真珠寶首飾、經過仿舊處理的各色「古董」等。

10～17世紀雄踞於西藏西部的古格王國，最神祕的地方在於擁有如此成熟、燦爛文化的王國是如何在一夜之間徹底消失的。在其後的幾個世紀，人們幾乎不知其存在，沒有人類活動去破壞它的建築和街道，修正它的文字和宗教，篡改它的壁畫和藝術風格，它甚至保留著遭到毀滅的現場。

鳥瞰色拉寺。

札什倫布寺內景。

布達拉宮。

中國國家地理：中南・西南

| 全新黃金典藏版 |

作　　者　《中國國家地理》編輯委員會

發 行 人　林敬彬
主　　編　楊安瑜
編　　輯　吳瑞銀、林奕慈
內頁編排　方皓承
封面設計　方皓承
協力編輯　陳于雯、丁顯維

出　　版　大旗出版社
發　　行　大都會文化事業有限公司
　　　　　11051 台北市信義區基隆路一段432號4樓之9
　　　　　讀者服務專線：(02) 27235216
　　　　　讀者服務傳真：(02) 27235220
　　　　　電子郵件信箱：metro@ms21.hinet.net
　　　　　網　　　　址：www.metrobook.com.tw

郵政劃撥　14050529 大都會文化事業有限公司
出版日期　2018年04月修訂初版一刷
定　　價　380元

I S B N　978-986-95983-3-0
書　　號　Image-25

Metropolitan Culture Enterprise Co., Ltd.
4F-9, Double Hero Bldg., 432, Keelung Rd., Sec. 1,
Taipei 11051, Taiwan
Tel: +886-2-2723-5216　Fax: +886-2-2723-5220
E-mail: metro@ms21.hinet.net
Web-site: www.metrobook.com.tw

國家圖書館出版品預行編目(CIP)資料

中國國家地理：中南.西南（全新黃金典藏版）/
《中國國家地理》編輯委員會編著.
― 修訂初版. ― 臺北市：
大旗出版：大都會文化發行, 2018.04
224面；17×23公分. ―（Image；25）
ISBN 978-986-95983-3-0(平裝)

1.中國地理 2.通俗作品

660　　　　　　　　　　　107002108